WORKBOOK/ LABORATORY MANUAL

 ¿Cómo se dice...?

WORKBOOK/ LABORATORY MANUAL

¿Cómo se dice...?

SEVENTH EDITION

Ana C. Jarvis
Chandler-Gilbert Community College

Raquel Lebredo
California Baptist University

Houghton Mifflin Company   Boston   New York

Director, World Languages: New Media and Modern Language Publishing   Beth Kramer
Sponsoring Editor   Amy Baron
Development Editor   Rafael Burgos-Mirabal
Editorial Associate   Manuel Muñoz
Project Editor   Harriet C. Dishman/Elm Street Publications
Senior Manufacturing Coordinator   Priscilla J. Bailey
Marketing Manager   Tina Crowley Desprez

Printed in the U.S.A.

ISBN: 0-618-10368-6

1 2 3 4 5 6 7 8 9– POO –05 04 03 02 01

Contents

Preface

The *Workbook/Laboratory Manual* is a fully integrated component of *¿Cómo se dice...?*, Seventh Edition, a complete introductory Spanish program for the college level. As in previous editions, the *Workbook/Laboratory Manual* reinforces the grammar and vocabulary presented in the *¿Cómo se dice...?* core text and helps students to develop their listening, speaking, reading, and writing skills.

The lessons in the *Workbook/Laboratory Manual* are correlated to the student text. Workbook and Laboratory Activities are provided for each of the eighteen textbook lessons. To use this key component of the *¿Cómo se dice...?* program to best advantage, it is important that students fully understand its organization and contents.

New to the Seventh Edition

Substantially revised for the Seventh Edition of *¿Cómo se dice...?*, the *Workbook/Laboratory Manual*

- reflects the revised scope and sequence of the core text.

- includes review exercises that integrate all stem-changing verbs (Lesson 6), personal pronouns (Lesson 9), command forms (Lesson 14), and the indicative tenses (Lesson 16).

- offers more personalized questions and other types of open-ended activities in the *Check Your Progress* section.

- includes practice for the new *Pronunciación en contexto* section, Lessons 10–18.

Workbook Activities

The Workbook Activities are designed to reinforce the grammar and vocabulary introduced in the textbook and to develop students' writing skills. They include sentence completion, sentence transformation, fill-in charts, dehydrated sentences, answering questions, translation exercises, crossword puzzles, and illustration-based exercises.

Each odd-numbered Workbook lesson ends with a section entitled *Para leer,* consisting of a reading that re-enters the vocabulary and grammar of the textbook lesson and follow-up questions to test reading comprehension. The *Check Your Progress* section provides a comprehensive review of key vocabulary and structures after every two lessons, and every even-numbered lesson includes a composition topic.

Laboratory Activities and Audio Program

The Laboratory Activities accompany the *Audio Program* for *¿Cómo se dice...?*, Seventh Edition, which provides approximately nineteen hours of recorded exercises presented by native speakers. The Laboratory Activities include listening, speaking, and writing practice for each lesson under the following headings:

Para escuchar y contestar

Diálogos: The lesson dialogues recorded once at natural speed and once with pauses for student repetition.

Preguntas y respuestas: Questions on the content of the dialogues that verify comprehension and provide oral practice.

Situaciones: An open-ended listening and speaking activity that elicits responses appropriate to situations related topically and structurally to each lesson.

Pronunciación

Pronunciation activities that parallel the pronunciation sections in Lessons 1–9 of the textbook and provide ongoing practice in subsequent lessons. Lessons 10–18 will provide ongoing practice by focusing on dialogue words and phrases that are challenging to pronounce.

¡Vamos a practicar!

A set of three to six exercises that provide listening and speaking practice and test mastery of the grammar topics introduced in each lesson. Models for these exercises are printed in the Laboratory Activities.

Ejercicios de comprensión

Lively, contextualized conversations that are related to each lesson's theme and are followed by comprehension questions.

Para escuchar y contestar

Tome nota: A listening exercise in which students write information based on what they hear in recorded listening passages containing realistic simulations of radio advertisements, announcements, newscasts, and other types of authentic input.

Dictado: A dictation that reinforces the lesson theme and grammar structures.

In addition to the materials provided for each lesson, the *Audio Program* contains two *Repaso* sections (one covering Lessons 1–9, the other Lessons 10–18) that are a cumulative review of grammar and vocabulary.

An Answer Key to the written exercises with discrete answers in each lesson is provided at the back of the *Workbook/Laboratory Manual,* enabling students to monitor their progress throughout the program. The *Check Your Progress* Answer Key appears in the *Instructor's Resource Manual* for the convenience of instructors who wish to use those sections as an evaluation tool.

The *Workbook/Laboratory Manual,* an important part of the ¿Cómo se dice...?, Seventh Edition, program, is designed to reinforce the associations of sound, syntax, and meaning needed for effective communication in Spanish. Students who use the *Workbook/Laboratory Manual* and the *Audio Program* consistently will find these components of great assistance in assessing their achievements and in targeting the specific lesson features that require extra review. The *Audio Program* is available for student purchase.

We would like to hear your comments on ¿Cómo se dice...?, Seventh Edition, and on this *Workbook/Laboratory Manual.* Reports of your experiences using this program would be of great interest and value to us. Please write to us care of Houghton Mifflin Company, Modern Languages, College Division, 222 Berkeley Street, Boston, Massachusetts 02116-3764 or online at college_mod_lang@hmco.com.

Ana C. Jarvis
Raquel Lebredo

Workbook Activities

A. Spell the names of the following persons.

1.

Jorge Díaz

2.

Eva Arriola

3.

Carlos Peña

1. Mi nombre se escribe así:

_____

2. Mi nombre se escribe así:

_____

3. Mi nombre se escribe así:

_____

B. Write, in Spanish, the number of students that each of the professors has in his/her class.

1. Luis Acosta: 15   (_____) estudiantes

2. Marta Vega: 24   (_____) estudiantes

3. Ana Ruiz: 30   (_____) estudiantes

4. Oscar Paz: 14   (_____) estudiantes

5. Raúl Montes: 19   (_____) estudiantes

6. Olga Vera: 13   (_____) estudiantes

7. Rafael Soto: 17   (_____) estudiantes

8. Nora Vargas: 12   (_____) estudiantes

C. You are teaching some Spanish-speaking children to paint. Tell them what colors will result by mixing the following colors.

1. azul y amarillo: _____

2. blanco y rojo: _____

3. blanco y negro: _____

4. amarillo y rojo: _____

5. azul y rojo: _____

D. You are in charge of making a calendar for your Spanish class. Write the days of the week below. Remember that in Spanish-speaking countries the week starts on Monday.

S	E	P	T	I	E	M	B	R	E				
		1	2	3	4	5
6	7	8	9	10	11	12
13	14	15	16	17	18	19
20	21	22	23	24	25	26
27	28	29	30			

E. Keeping in mind that the seasons are reversed in the Southern Hemisphere, write the months that correspond to the following seasons in Argentina.

1. invierno: _____ , _____ , _____

2. primavera: _____ , _____ , _____

3. otoño: _____ , _____ , _____

4. verano: _____ , _____ , _____

F. How do you and your friends refer to yourselves and others? Complete the following sentences, using Spanish subject pronouns.

MODELO: You refer to your teachers as . . .
You refer to your teachers as *ellos*.

1. You speak to your best friend and call him _____.

2. You refer to María as _____.

3. You address your teacher as _____.

4. You refer to your parents and yourself as _____.

5. Anita and María refer to themselves as _____.

6. You refer to your friends as _____.

7. You refer to Mr. García as _____.

8. You speak to your classmates as a group and call them _____.

9. You talk about yourself and say _____.

G. You work for the school paper and are interviewing a Chilean student about herself and her friends. Complete the interview, using the correct forms of the verb **ser**.

—¿De dónde _____ tú?

—Yo _____ de Chile.

—¿Y Javier Montenegro?

—Él _____ de Chile también.

—¿Ustedes _____ de Santiago?

—No, _____ de Concepción.

—¿Y Mirta y Nora?

—Ellas _____ de Valparaíso.

H. **¿Cómo se dice...?** Write the following exchanges in Spanish.

1. "What is your name?"
   "My name is Fernando Ruiz."
   "Are you a professor?"
   "No, I'm a student."

   _____

   _____

   _____

   _____

2. "Good morning. How is it going?"
   "Very well. What's new?"
   "Not much."

   _____

   _____

   _____

3. "What's the date today?"
   "Today is October the eleventh."

   _____

   _____

4. "See you Monday."
   "Good-bye."

   _____

   _____

I. **Crucigrama**

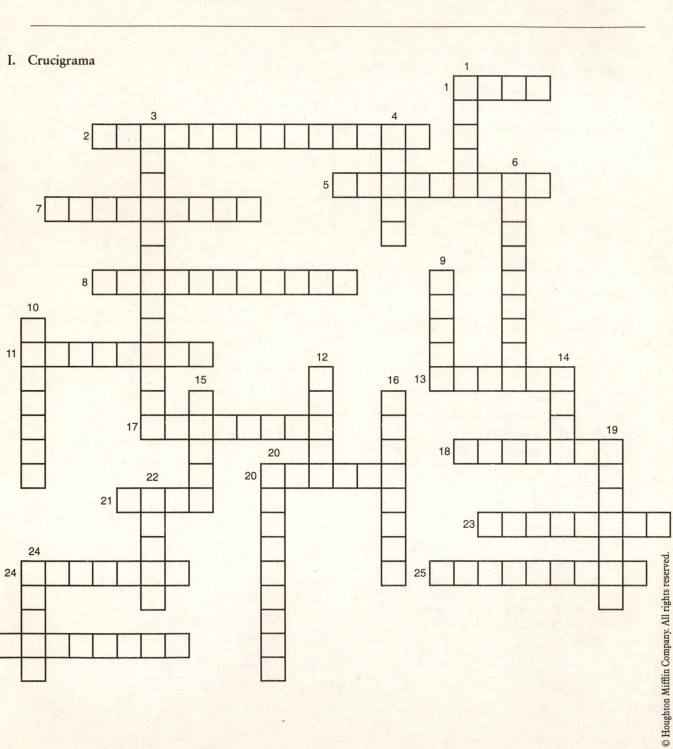

Horizontal (Across)

1. abril, _____, junio
2. Ella es _____; es de California.
5. martes, _____, jueves
7. Ana es _____ de español.
8. Pedro es estudiante de la _____ de California.
11. Marisol es _____ de vuelo.
13. viernes, _____, domingo
17. Daniel es _____ de sistemas.
18. enero, _____, marzo
20. julio, _____, septiembre
21. ¿Cómo _____ usted?
23. Asunción es la capital de _____.
24. Quito es la capital de _____.
25. invierno, _____, verano
26. Bogotá es la capital de _____.

Vertical (Down)

1. _____ gusto.
3. ¿Es _____ o secretaria?
4. ¿Qué hay de _____?
6. ¿Es médica o _____?
9. domingo, _____ , martes
10. trece, _____, quince
12. *I call*, en español
14. diez, _____, doce
15. _____ luego.
16. tú y yo
19. septiembre, _____, noviembre
20. Buenos Aires es la capital de _____.
22. Ella y yo _____ de Lima.
24. ella y él

J. **¿Qué pasa aquí?** (*What's happening here?*) Look at the illustrations and answer the following questions about them.

1. ¿Rachel Wilson es norteamericana o mexicana?

_____

2. ¿Cúal es la ocupación de Rachel?

_____

3. ¿Julián Gómez es analista de sistemas?

_____

4. ¿De dónde es Julián?

_____

5. ¿El doctor Paz es norteamericano, argentino o chileno?

_____

6. ¿El doctor Paz es profesor de español o médico?

_____

7. ¿De dónde es Graciela Calderón?

_____

8. ¿Graciela es analista de sistemas, maestra o programadora?

_____

Laboratory Activities

I. Para escuchar y contestar (To listen and answer)

Presentaciones: ¡Mucho gusto!

The introductions will be read first without pauses. Pay close attention to the speakers' intonation and pronunciation.

¡Buenos días! Me llamo Juan Carlos Mirabal y soy de California. Soy estudiante de la Universidad de California. ¿Y tú? ¿De dónde eres?

_____

¡Buenas tardes! Me llamo Laura Estévez y soy de Arizona. ¿Cómo te llamas tú? ¿Eres estudiante? Yo soy maestra.

_____

¡Hola! Me llamo María Luisa Vargas Peña y soy de Nuevo México. Soy secretaria. Y yo me llamo Marcos Fuentes y soy de Tejas. Soy analista de sistemas. ¿Ustedes son estudiantes?

_____

¿Qué tal? Me llamo Marisa Barrios y soy mexicana. Soy dentista. ¿Ustedes son norteamericanos?

_____

¡Buenas noches! Me llamo Rafael Hernández y soy de Tejas. Soy piloto. ¿Cómo están ustedes? ¿Bien?

_____

Me llamo Beatriz López y soy de Puerto Rico. Soy profesora de español. ¿Cómo estás? ¿Qué hay de nuevo?

_____

¡Hasta luego!

¡Hasta mañana!

¡Nos vemos el lunes!

¡Adiós!

¡Chau!

Now the introductions will be read with pauses for you to repeat what you hear. Imitate the speakers' intonation and pronunciation.

Preguntas y respuestas *(Questions and answers)*

You will now hear questions about the introductions. Answer each one, omitting the subject. The speaker will confirm your response. Repeat the correct response.

Situaciones *(Situations)*

The speaker will present several situations based on the introductions. Respond appropriately in Spanish to each situation. The speaker will confirm your response. Repeat the correct response. Follow the model.

MODELO: You ask your professor where he is from.
¿De dónde es usted?

II. Pronunciación *(Pronunciation)*

A.   *The sound of the Spanish a*

- Repeat the words in each pair after the speakers, imitating their pronunciation.

English	Spanish
alpaca	alpaca
banana	banana
cargo	cargo
canal	canal

- Repeat each word, imitating the speaker's pronunciation.

Ana	Ágata
Marta	sábado
llamas	mayo
analista	hasta mañana

- When you hear the number, read the corresponding sentence aloud. Then listen to the speaker and repeat the sentence.

1. Hasta mañana, Ana.
2. La mamá trabaja.
3. Panamá gana fama.

B.   *The sound of the Spanish e*

- Repeat the words in each pair after the speakers, imitating their pronunciation.

English	Spanish
mesa	mesa
preposition	preposición
adobe	adobe
Los Angeles	Los Ángeles

- Repeat each word, imitating the speaker's pronunciation.

qué	usted
enero	Pepe
Ester	teléfono
secretaria	Teresa

- When you hear the number, read the corresponding sentence aloud. Then listen to the speaker and repeat the sentence.

  1. Te besé y te dejé.
  2. Mereces que te peguen.
  3. Pepe y Mercedes beben café.

III. ¡Vamos a practicar! *(Let's practice!)*

A. First, read the name and then spell it. The speaker will confirm your response. Repeat the correct response.

> MODELO: Olga
> **o-ele-ge-a**

1. Elena
2. Úrsula
3. Beatriz
4. Gustavo
5. Camila

B. The speaker will name several familiar objects. State the color or colors of each object in Spanish. The speaker will confirm your response. Repeat the correct response. Follow the model.

> MODELO: a violet
> **morado**

C. The speaker will name days of the week. State the day that precedes each day given. The speaker will confirm your response. Repeat the correct response. Follow the model.

> MODELO: martes
> **lunes**

D. The speaker will name a month. Give the month that follows. The speaker will confirm your response. Repeat the correct response. Follow the model.

> MODELO: noviembre
> **diciembre**

E. You will hear some questions. Answer them, using the cues provided. The speaker will confirm your response. Repeat the correct response. Follow the model.

> MODELO: ¿De dónde es Carlos?   (Venezuela)
> **Carlos es de Venezuela.**

IV. Ejercicios de comprensión *(Comprehension exercises)*

A. You will hear two people talking. After you hear the second speaker, circle L if the response is logical and I if it is illogical. The speaker will confirm your response. Follow the model.

MODELO: —Hasta mañana.
—Nos vemos. **(Logical)**

1. L I   3. L I   5. L I
2. L I   4. L I   6. L I

B. Before listening to the dialogue in this section, study the comprehension questions below. Reviewing the questions ahead of time will help you to remember key information as you listen.

1. ¿De dónde es Zulema?
2. ¿Es maestra?
3. ¿Raúl es piloto?

Listen carefully to the dialogue and then answer the questions, omitting the subject. The speaker will confirm your response. Repeat the correct response.

V. Para escuchar y escribir *(To listen and write)*

Tome nota *(Take note)*

You will hear someone interviewing a woman. First listen carefully for general comprehension. Then, as you listen for a second time, fill in the information requested.

ENTREVISTA

Nombre: _____

Ciudad: _____ País: _____

Profesión: _____

Dictado *(Dictation)*

A. The speaker will say some numbers. Write each one in words in the space provided. Each number will be read twice.

1. _____   6. _____
2. _____   7. _____
3. _____   8. _____
4. _____   9. _____
5. _____

B. The speaker will read six sentences. Each sentence will be read twice. After the first reading, write what you heard. After the second reading, check your work and fill in what you missed.

1. _____

2. _____

3. _____

4. _____

5. _____

6. _____

Workbook Activities

A. These are the things that the professor needs for his class. Write the corresponding indefinite article before each noun.

1. _____ borrador

2. _____ reloj

3. _____ libro

4. _____ tizas

5. _____ mapa

6. _____ papeles

7. _____ pizarra

8. _____ sillas

9. _____ lápices

10. _____ plumas rojas

11. _____ bolígrafos

12. _____ pupitres

B. These are some things that you might see in an office. Write the corresponding definite article before each noun.

1. _____ ventanas

2. _____ puerta

3. _____ luz

4. _____ reloj

5. _____ mujeres

6. _____ paredes

7. _____ sillas

8. _____ escritorio

9. _____ hombres

10. _____ libros

C. It's inventory time. In Spanish, write how many there are of each item using **hay**.

1. 44 erasers: _____

2. 98 pencils: _____

3. 75 notebooks: _____

4. 100 pens: _____

5. 53 maps: _____

6. 82 chairs: _____

7. 66 books: _____

8. 43 blackboards: _____

9. 38 clocks: _____

10. 96 student desks: _____

D. In a bilingual program, children are learning to tell time. Complete the following chart to express the times given.

English	es/son	la/las	hora	y/menos	minutos
It is one o'clock.	Es	la	una.		
It is a quarter after four.	Son	las	cuatro	y	cuarto.
1. It is ten to seven.				menos	diez.
2. It is twenty after six.		las			
3. It is one-thirty.					media.
4. It is five to ten.		diez			
5. It is quarter to two.				menos	
6. It is twenty-five to eight.			ocho		
7. It is nine o'clock.	Son				

E. Look at this class schedule and write the time and days of the week each class is held. Follow the model.

MODELO: educación física
La clase de educación física es los martes y jueves a las cinco.

HORA	LUNES	MARTES	MIÉRCOLES	JUEVES	VIERNES	SÁBADO
8:00–9:00	Psicología		Psicología		Psicología	
9:00–10:00	Biología		Biología		Biología	Tenis
10:00–11:30		Historia		Historia		
12:15–1:00			ALMUERZO			
1:00–2:00	Literatura		Literatura		Literatura	Laboratorio de biología
5:00–6:30		Educación física		Educación física		
7:00–8:30	Danza aeróbica		Danza aeróbica			

14 *Lección 2, Workbook Activities*

1. psicología _____

2. biología _____

3. historia _____

4. literatura _____

5. danza aeróbica _____

F. **Who does what?** Match each verb with its corresponding subject pronoun.

1. yo _____   a. estudiamos

2. ustedes _____   b. llama

3. nosotros _____   c. trabajan

4. ella _____   d. hablas

5. tú _____   e. regreso

G. The students are talking while waiting for the instructor. What are they saying? Complete the following exchanges, using the verbs in the list. The numbers in parentheses indicate how many times each verb should be used.

estudiar (1)	necesitar (2)	tomar (2)
regresar (3)	desear (2)	trabajar (2)

1. MARISOL —¿Cuántas clases _____ tú, Pablo?

   PABLO —Yo _____ cinco clases.

   MARISOL —¿Tú _____ en el hospital San Marcos?

   PABLO —Sí, _____ por la noche y por la tarde

   _____ .

2. RAQUEL —¿A qué hora _____ ustedes a casa (*home*)?

   JULIO —Nosotros _____ a las dos y media. ¿A qué hora

   _____ Jaime?

   RAQUEL —A la una.

3. ANA —¿Qué _____ usted, señora?

   SEÑORA —Yo _____ un bolígrafo.

4. ROBERTO —¿Tú _____ hablar con el profesor?

   DANIEL —No, yo _____ hablar con la secretaria.

H. Form questions from the following sentences, placing the subject after the verb. Then answer each question in the negative.

1. Ella trabaja en el hospital.

   _____

2. Los estudiantes hablan español.

   _____

3. Ellos necesitan estudiar mucho.

   _____

I. What do we know about these people? Practice possession with **de** by forming sentences with the elements given. Follow the model.

   MODELO: Mario / maestra / ser / Colombia
             La maestra de Mario es de Colombia.

1. la Sra. Gómez / necesitar / dirección / Marta

   _____

2. Ana / trabajar / con profesora / Julio

   _____

3. la Dra. Soto / estudiantes / regresar / a las cuatro

   _____

4. la Sra. Juárez / secretaria / no trabajar / hoy

   _____

5. yo / necesitar / Sergio / número de teléfono

   _____

J. **¿Cómo se dice...?** Write the following dialogues in Spanish.

1. "What is your name?" (**tú** *form*)
   "My name is Carlos Vásquez."
   "Pleased to meet you, Carlos."
   "The pleasure is mine."

   _____

   _____

   _____

2. "What does 'pizarra' mean?"
"It means 'blackboard'."
"How do you say 'clock'?"

_____

_____

_____

3. "What time is it?"
"It's twenty to five."
"What time is the class?"
"It's at eight A.M."

_____

_____

_____

_____

4. "Excuse me, Dr. López."
"Come in and have a seat."
"Thank you."

_____

_____

_____

5. "How many students are there in the class?"
"There are forty-six students."

_____

_____

K. Crucigrama

Horizontal

1. En Washington hablan _____.
4. ¿Qué quiere decir "*chairs*"?
9. _____ diez estudiantes en la clase.
10. Hay una puerta y una _____.
12. Hoy es el _____ día de clase.
13. dirección
15. Tome _____, por favor.
16. Hay un _____ de México en la pared.
19. Este semestre tomo cinco _____.
21. trabajar: ellos _____
23. "*desk*", en español
24. En Berlín hablan _____.
25. El _____ es mío.

Vertical

2. Necesito los _____ de francés.
3. "*notebook*", en español
5. ¿Qué quiere decir "*light*"?
6. No es un lápiz; es una _____.
7. "*clock*", en español
8. ¿Qué quiere decir "*wall*,"?
9. ¿A qué _____ es la clase de italiano?
11. tomar: ella _____
12. "*pardon*", en español
14. ¿_____ estudiantes hay en la clase?
17. ¿Qué quiere decir "*student desk*"?
18. estudiar: yo _____
20. No es una calle; es una _____.
22. Muchas _____, señora.

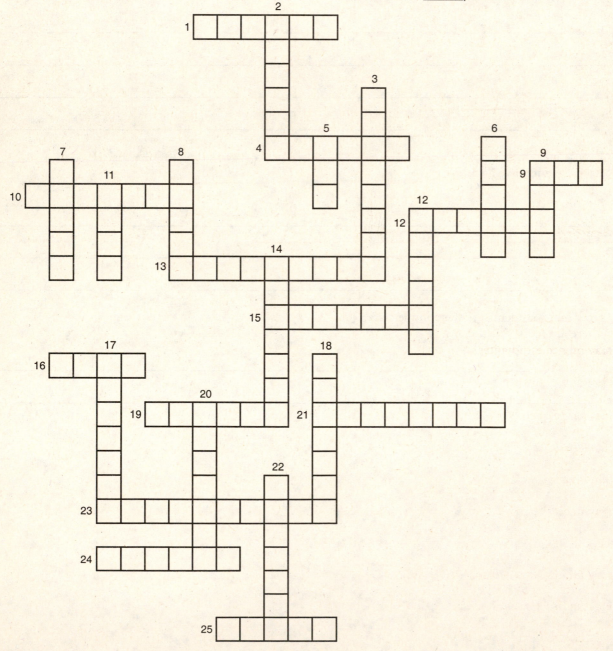

L. **¿Qué pasa aquí?** Look at the illustration and circle V for **verdadero** (true) or F for **falso** (false) in response to the following statements.

1. Es una clase de matemáticas. V F

2. El profesor Dumont es profesor de historia. V F

3. Hay quince estudiantes en la clase. V F

4. Hay diez pupitres. V F

5. Hay un reloj en la pared. V F

6. La clase de francés es a las dos. V F

7. Son las doce y cinco. V F

8. Hay una ventana en la clase. V F

9. Hay una puerta en la clase. V F

10. Hay un mapa de México en la clase. V F

11. Hay un libro en el escritorio. V F

12. Hay cuatro lápices en el escritorio. V F

Lección 2, Workbook Activities   **19**

Laboratory Activities

I. Para escuchar y contestar

Diálogos: *El primer día de clase*

The dialogues will be read first without pauses. Pay close attention to the speakers' intonation and pronunciation.

SRTA. ALBA —Con permiso. Buenos días, profesor.
PROFESOR —Buenos días. Pase y tome asiento, por favor.
SRTA. ALBA —Muchas gracias.
PROFESOR —Señorita Alba, el doctor Díaz.
SRTA. ALBA —Mucho gusto, doctor Díaz.
DR. DÍAZ —El gusto es mío, señorita Alba.
SRTA. ALBA —¡Perdón!, profesor, ¿qué hora es?
PROFESOR —Son las once y media.
SRTA. ALBA —¿A qué hora es la clase hoy?
PROFESOR —Es a las tres de la tarde.

LUISA —¿Cuál es tu dirección, Mario?
MARIO —Calle Magnolia, número 98.
LUISA —Ah, también necesito la dirección de Pedro. Él es amigo de Rocío, ¿no?
MARIO —Sí, la dirección es Avenida Olmos, número 175.
RAÚL —Mario, ¿cuántos estudiantes hay en la clase?
MARIO —Hay cuarenta estudiantes.

ESTUDIANTE —Profesor, ¿cómo se dice "de nada" en inglés?
PROFESOR —Se dice *"You're welcome"*.
ESTUDIANTE —¿Qué quiere decir *"to return"*?
PROFESOR —Quiere decir "regresar".

LAURA —¿Tú trabajas, Daniel?
DANIEL —Sí, yo trabajo en un hospital. ¿Y tú?
LAURA —Yo no trabajo; solamente estudio.
DANIEL —¿Cuántas clases tomas?
LAURA —Tomo cinco clases. Oye, ¿tú tomas francés este semestre?
DANIEL —No, porque yo ya hablo francés. Tomo una clase de alemán con el Dr. Smith.
LAURA —Yo no hablo francés, pero hablo un poco de italiano y de portugués.

Now the dialogues will be read with pauses for you to repeat what you hear. Imitate the speakers' intonation patterns.

Preguntas y respuestas

You will now hear questions about the dialogues. Answer each one, omitting the subject. The speaker will confirm your response. Repeat the correct response.

Situaciones

The speaker will present several situations based on the dialogues. Respond appropriately in Spanish to each situation. The speaker will confirm your response. Repeat the correct response. Follow the model.

> MODELO: You ask how to say "chair" in Spanish.
> ¿Cómo se dice *"chair"* en español?

II. Pronunciación

A. *The sound of the Spanish i*

- Repeat the words in each pair, imitating the speaker's pronunciation.

English	Spanish
director	director
diversion	diversión
Lidia	Lidia
inspector	inspector
tropical	tropical

- Repeat each word, imitating the speaker's pronunciation.

sí	días	necesitar
dice	cinco	hospital
inglés	dirección	domicilio

- When you hear the number, read the corresponding sentence aloud. Then listen to the speaker and repeat the sentence.

1. Fifí mira a Rin-Tin-Tin.
2. Mimí dice que es difícil vivir aquí.

B. *The sound of the Spanish o*

- Repeat the words in each pair, imitating the speaker's pronunciation.

English	Spanish
noble	noble
no	no
opinion	opinión
Colorado	Colorado

- Repeat each word, imitating the speaker's pronunciation.

no	Mario	noche
como	once	ocho
poco	número	teléfono

- When you hear the number, read the corresponding sentence aloud. Then listen to the speaker and repeat the sentence.

1. Yo como pollo con Rodolfo.
2. Lolo compró los loros.

C. *The sound of the Spanish u*

- Repeat the words in each pair, imitating the speaker's pronunciation.

English	*Spanish*
universal	universal
club	club
Hugo	Hugo
humor	humor
Uruguay	Uruguay

- Repeat each word, imitating the speaker's pronunciation.

estudiar	puerta
usted	luz
Susana	universidad
mucho	gusto

- When you hear the number, read the corresponding sentence aloud. Then listen to the speaker and repeat the sentence.

1. Las universidades uruguayas están en las urbes.
2. Úrsula usa uniformes únicamente en el club.

III. ¡Vamos a practicar!

A. You will hear several singular nouns, each preceded by a definite or an indefinite article. Make the nouns and the articles plural. The speaker will confirm your response. Repeat the correct response. Follow the model.

MODELO: el alumno
los alumnos

B. Imagine that you are doing an inventory of classroom supplies. When you hear the speaker name an item in English, ask in Spanish how many there are. The speaker will verify your response. Repeat the correct response. Follow the model.

MODELO: chairs —¿**Cuántas sillas hay?**
cuarenta —**Hay cuarenta sillas.**

C. Your friend's watch is always running ten minutes behind. Correct him when he says what time it is. The speaker will confirm your response. Repeat the correct response. Follow the model.

MODELO: Son las seis.
No, son las seis y diez.

D. Answer each question you hear in the negative. Include the subject in your answer. The speaker will confirm your response. Repeat the correct response. Follow the model.

MODELO: —¿Uds. trabajan en el hospital?
—**No, nosotros no trabajamos en el hospital.**

E. Answer the following questions to indicate ownership, using the cues. The speaker will confirm your response. Repeat the correct response. Follow the model.

MODELO: —¿Es el lápiz de Rosa?   (María)
        —**No, es el lápiz de María.**

1. (Carlos)   3. (Elisa)   5. (Rodolfo)
2. (la profesora)   4. (Irene)

IV. Ejercicios de comprensión

A. You will hear two people talking. After you hear the second speaker, circle L if the response is logical and I if it is illogical. The speaker will confirm your response. Follow the model.

MODELO: —Muchas gracias.
        —**Perdón.**   (illogical)

1. L I   5. L I   8.   L I
2. L I   6. L I   9.   L I
3. L I   7. L I   10. L I
4. L I

B. Before listening to the narration in this section, study the comprehension questions below. Reviewing the questions ahead of time will help you to remember key information as you listen.

1. ¿Rogelio y Nora son de Perú o de Ecuador?

2. ¿Estudian en la Universidad de California o en la Universidad de Arizona?

3. ¿Rogelio es enfermero o auxiliar de vuelo?

4. ¿Rogelio trabaja por la mañana o por la noche?

5. ¿Nora trabaja en la universidad o en un hospital?

6. ¿Nora y Rogelio toman portugués o alemán?

V. Para escuchar y escribir

Tome nota

You will hear two people talking. First listen carefully for general comprehension. Then, as you listen for a second time, fill in the information requested.

Nombre del profesor: _____

Nombre de la estudiante: _____

Día: _____

Hora: _____

Número de estudiantes: _____

Dictado

A. The speaker will read some numbers. Write each one in the space provided. Each number will be read twice.

1. _____   6. _____

2. _____   7. _____

3. _____   8. _____

4. _____   9. _____

5. _____   10. _____

B. The speaker will read six sentences or phrases. Each sentence will be read twice. After the first reading, write what you heard. After the second reading, check your work and fill in what you missed.

1. _____

2. _____

3. _____

4. _____

5. _____

6. _____

Check Your Progress

Lección 1

A. Solve the following arithmetic problems. Write the numbers in Spanish.

1. dieciocho + once = _____

2. doce + siete = _____

3. diez + cuatro = _____

4. quince + quince = _____

5. siete + seis = _____

6. ocho + ocho = _____

B. Complete the following chart.

English	*Spanish*
1. blue	_____
2. _____	blanco
3. yellow	_____
4. _____	negro
5. orange	_____
6. _____	rojo
7. pink	_____
8. _____	morado

C. Give the Spanish equivalent.

1. Mondays and Wednesdays _____

2. Tuesdays and Thursdays _____

3. Saturdays and Sundays _____

D. In which season do the following months fall?

1. octubre y noviembre   _____

2. abril y mayo   _____

3. enero y febrero   _____

4. julio y agosto   _____

E. Match the subject pronouns with the corresponding verb forms.

1. nosotros _____   a. son

2. yo _____   b. eres

3. tú _____   c. es

4. ellos _____   d. somos

5. él _____   e. soy

Lección 2

A. Write the following words under the appropriate headings and add the corresponding definite article before each word.

doctora	escritorios	hombre
lápices	libro	mapas
mujeres	pared	pizarra
plumas	profesora	puerta
reloj	tiza	ventanas

PERSONAS (People)	COSAS PARA ESCRIBIR (Things for writing)	OTRAS COSAS EN LA CLASE (Other things in the classroom)

B. Solve the following arithmetic problems. Write the numbers in Spanish.

1. treinta + veinticinco = _____

2. cincuenta + doce = _____

3. noventa y ocho – setenta = _____

4. cien – treinta y cinco = _____

5. ochenta + viente = _____

6. cuarenta y tres + cuarenta y cinco = _____

C. Write the questions that elicited the following answers.

1. _____

   La clase de español es a las ocho.

2. _____

   Hay dos ventanas.

3. _____

   Son las ocho y media.

4. _____

   No, no estudio por la mañana.

5. _____

   Se dice "escritorio".

6. _____

   Quiere decir "*clock*".

D. Answer the following questions, using complete sentences.

1. ¿Qué idioma estudias?

   _____

2. ¿Tú deseas estudiar francés?

   _____

3. ¿Tú trabajas? ¿Dónde?

   _____

4. ¿Qué necesitas? ¿Dinero?

_____

5. ¿De dónde es tu profesor (profesora)?

_____

6. ¿Qué idiomas habla tu profesor (profesora)?

_____

7. ¿A qué hora regresas hoy a tu casa?

_____

E. Using **de**, write sentences establishing possession or the relationship between the elements given.

1. Carlos / escritorio _____

2. profesora / plumas _____

3. la Sra. Peña / profesora _____

4. estudiantes / libros _____

F. Write a brief paragraph about yourself. Describe where you are from, what language(s) you speak, what time your Spanish class (**clase de español**) is, and what you need.

_____

_____

_____

_____

_____

_____

_____

_____

_____

Workbook Activities

Lección **3**

A. Complete the following, using **el, la, los,** or **las** before each noun.

1. Los estudiantes hablan de _____ problemas de _____ sociedad y de

   _____ programas de _____ universidades de _____ ciudad

   de Los Ángeles. _____ conversación es muy interesante.

2. _____ idiomas que hablan los estudiantes son inglés y español.

3. _____ días que yo trabajo en _____ hospital son lunes y viernes.

4. _____ sistema de educación de un país (*country*) es muy importante, pero

   _____ libertad es importante también.

5. _____ programas de _____ televisión norteamericana son muy populares.

B. Complete the following sentences with the appropriate possessive adjectives or clarifying forms.
Make sure each possessive adjective agrees with its subject.

1. Nosotros compramos una casa. Es _____ casa.

2. Ella compra dos lápices. Son _____ lápices. (Son _____ lápices de

   _____.)

3. Tú compras un reloj. Es _____ reloj.

4. Nosotros compramos tres libros. Son _____ libros.

5. Ellos compran un mapa. Es _____ mapa. (Es _____ mapa de _____.)

6. Yo compro dos plumas. Son _____ plumas.

7. Uds. compran un escritorio. Es _____ escritorio. (Es _____ escritorio de

   _____.)

8. Ud. compra una pizarra. Es _____ pizarra. (Es _____ pizarra de _____.)

C. Answer the following questions with complete sentences, using the cues provided and the appropriate possessive adjectives. Follow the model.

MODELO: —¿Dónde trabaja la amiga de él? (en el hospital)
—**Su amiga trabaja en el hospital.**

1. ¿De dónde son tus amigos? (de Venezuela)

_____

2. ¿De dónde es la profesora de Uds.? (de Bolivia)

_____

3. ¿Dónde trabaja tu amiga? (en el hospital)

_____

4. ¿Los amigos de Uds. son de México? (sí)

_____

5. ¿Tú necesitas hablar con mi profesora? (no) (**Ud.** *form*)

_____

6. ¿Elsa necesita mis libros? (sí) (**tú** *form*)

_____

D. Write the following numbers in Spanish.

1. 110 _____

2. 845 _____

3. 514 _____

4. 760 _____

5. 283 _____

6. 672 _____

7. 957 _____

8. 1.000 _____

9. 1.391 _____

10. 3.479 _____

E. Complete the following sentences with appropriate adjectives from the list and the corresponding definite or indefinite articles.

rubio   alta   difícil   español   simpáticas   mexicanos   argentina   norteamericanas

1. _____ muchachos _____ hablan español.

2. Ana es _____ chica muy _____.

3. _____ profesor _____ no habla inglés.

4. _____ amigas de Rosa son muy _____.

5. _____ novio de Luisa es _____, no pelirrojo.

6. _____ profesoras _____ no hablan español.

7. _____ profesora de José es _____; es de Buenos Aires.

8. _____ lección tres es muy _____.

F. Complete the following chart with the corresponding present indicative forms.

Infinitive	yo	tú	Ud., él, ella	nosotros	Uds., ellos
leer	leo	lees	lee	leemos	leen
1. comer	como			comemos	
2. creer		crees			creen
3. beber					
4. escribir		escribes		escribimos	
5. recibir	recibo		recibe		reciben
6. decidir					

G. These people are conversing in the cafeteria. What are they saying? Complete the following dialogues, using the verbs listed.

escribir   comer   vivir   aprender   leer

1. —¿Dónde _____ Uds.?

—Nosotros _____ en la cafetería. ¿Y tú?

—Yo _____ en mi casa.

2. —¿Ud. _____ libros en español?

—No, yo _____ libros en inglés.

3. —¿En qué calle _____ Uds.?

—Nosotros _____ en la calle Lima. ¿Dónde

_____ tú?

—Yo _____ en la avenida Juárez.

—¿Y Teresa?

—Ella _____ en la calle Colombia.

4. —¿En qué idioma _____ Uds.?

—Yo _____ en español y John _____ en inglés.

5. —¿Tú _____ mucho en la clase?

—No, yo no _____ mucho porque no estudio.

H. **College life!** Use the correct forms of **tener** or **venir** to report about these people's activities.

1. Teresa no _____ los viernes porque no _____ clases.

2. Ana y yo _____ con César porque no _____ coche (*car*).

3. Yo _____ a las ocho menos cuarto porque _____ una clase a las ocho.

4. Los estudiantes _____ a las siete cuando _____ exámenes.

5. ¿Tú _____ clases los martes o _____ a la universidad solamente los lunes?

I. **Everybody is busy.** Using the present indicative of **tener**, complete the following sentences, indicating what everybody has to do.

1. Yo _____ estudiar.

2. Mis amigos _____ trabajar.

3. Tú _____ venir a clase.

4. Estela y yo _____ escribir un informe.

5. Gustavo _____ regresar a la biblioteca.

J. **¿Cómo se dice...?** Write the following in Spanish.

1. "Is Marisa there?"
   "No, she's not. She returns at nine P.M."
   "Then I'll call later."

   _____

   _____

   _____

2. "Is Carlos home?"
   "This is he."

   _____

   _____

3. "Do you have to work tonight, Anita?"
   "No, I have to study with my friends Amalia and Olga."

   _____

   _____

4. "What is Lidia like?"
   "She is a very pretty and charming girl."

   _____

   _____

5. "Do you (*pl. form*) come to the university on Fridays?"
   "No, we don't have classes on Fridays."

   _____

   _____

K. Crucigrama

Horizontal

3. tenemos que
5. ¿_____ regresan? ¿En agosto?
8. Tengo problemas económicos. Necesito _____.
9. Tengo que escribir un _____ para mi clase de literatura.
10. opuesto de **optimista**
11. opuesto de **gordo**
12. chicas
15. opuesto de **altas**
18. ¿_____ es Ana? ¿Bonita?
19. Ellos hablan por _____.
22. Yo trabajo _____ noche.
23. "*lawyer*", en español
24. opuesto de **simpático**

Vertical

1. Tengo que estudiar porque tengo un _____.
2. ¿Vives en un apartamento o en una _____?
4. Estudiamos en la _____.
5. Comemos en la _____.
6. ¿Es tu novio o tu _____?
7. ¿Quién habla?: ¿De _____ de quién?
13. estudiantes de la universidad: estudiantes _____
14. Hay un _____ muy interesante en el *Los Angeles Times*.
16. ¿Tienes problemas económicos o problemas _____.
17. Hoy es domingo. _____ es lunes.
20. ¿Es pelirroja, rubia o _____?
21. opuesto de **feos**

L. **¿Qué pasa aquí?** Look at the illustration and answer the following questions.

1. ¿Qué hora es?

    _____

2. ¿Con quién desea hablar Alicia?

    _____

3. ¿Está Marta?

    _____

4. ¿A qué hora regresa Marta?

    _____

5. ¿Cuándo llama Alicia?

    _____

6. ¿Con quién habla Pierre?

    _____

7. ¿Qué idioma hablan Pierre y Michèle?

_____

8. ¿Ellos son de París o de Madrid?

_____

9. ¿Con quién estudia Gonzalo?

_____

10. ¿Qué idioma estudian ellos?

_____

11. ¿Gonzalo desea estudiar por la noche?

_____

12. ¿Dónde trabaja Sonia?

_____

13. ¿Sonia trabaja por la mañana o por la noche?

_____

14. ¿Qué necesita Sonia?

_____

Para leer

La familia de Hilda López

La Sra. Hilda López Ramírez es de Santiago, pero ahora° vive en California.   *now*
Es enfermera° y trabaja en un hospital de Los Ángeles. Sus padres° son   *nurse / parents*
médicos° y viven en Viña del Mar, una ciudad de Chile.   *physicians*

 Julio, el esposo° de la Sra. López, es profesor. Ellos tienen tres hijos:° Eduardo,   *husband / children*
Irene y Teresa. Eduardo es rubio y muy alto. Las chicas son morenas y muy bonitas.
Los tres son muy inteligentes y muy simpáticos. Hablan inglés y español. En la escuela°   *school*
leen y escriben en inglés.

 La familia vive en la ciudad de Los Ángeles, en la calle Figueroa, número ciento
treinta.

¡Conteste!

1. ¿Hilda López es norteamericana?

_____

2. ¿De qué país (*country*) es ella?

_____

3. ¿Dónde vive ahora?

_____

4. ¿Cuáles son las profesiones de Hilda y de su esposo?

_____

5. ¿Dónde trabaja Hilda?

_____

6. ¿Cuál es la profesión de los padres de Hilda?

_____

7. ¿Los padres de Hilda viven en Santiago?

_____

8. ¿Cuántos hijos tienen Hilda y Julio? ¿Cómo son?

_____

9. ¿Qué idiomas hablan los niños? ¿En qué idioma leen y escriben en la escuela?

_____

10. ¿En qué ciudad de California vive la familia?

_____

11. ¿Cuál es la dirección de la familia Ramírez?

_____

Laboratory Activities

I. Para escuchar y contestar

Diálogos: *Por teléfono*

The dialogues will be read first without pauses. Pay close attention to the speakers' intonation and pronunciation.

Raquel, Pedro, Marisa y Carmen son estudiantes universitarios que viven en Los Ángeles y son muy buenos amigos. Raquel desea ser médica, Pedro desea ser abogado y Marisa y Carmen desean ser maestras. Pedro es moreno, alto y muy simpático. Las chicas son inteligentes y bonitas.

Raquel desea hablar con Pedro.

MARISA	—¿Sí?
RAQUEL	—Hola. ¿Está Pedro?
MARISA	—No, no está. Lo siento.
RAQUEL	—¿A qué hora regresa?
MARISA	—A las nueve de la noche.
RAQUEL	—Entonces llamo más tarde.
MARISA	—Muy bien. Adiós.

Carmen habla con su amiga Marisa.

MARISA	—Bueno.
CARMEN	—Hola. ¿Está Marisa?
MARISA	—Sí, con ella habla... ¿Carmen?
CARMEN	—Sí, ¿qué tal, Marisa?
MARISA	—Muy bien, gracias. ¿Qué hay de nuevo?
CARMEN	—Nada. ¡Oye! ¿Dónde comemos mañana? ¿En la cafetería?
MARISA	—No, mañana tengo que escribir un informe y debo leer varios artículos en la biblioteca.
CARMEN	—Yo también tengo que estudiar para un examen.
MARISA	—Entonces nos vemos el martes.

Pedro habla con Raquel.

ROSA	—Dígame.
PEDRO	—Hola. ¿Está Raquel?
ROSA	—Sí. ¿Quién habla?
PEDRO	—Pedro Morales.
ROSA	—Un momento, por favor.
RAQUEL	—(*A Rosa*) ¿Quién es?
ROSA	—Es tu amigo Pedro.
RAQUEL	—Hola, Pedro. ¿Qué tal?
PEDRO	—Bien, ¿y tú?
RAQUEL	—Más o menos.
PEDRO	—¿Por qué? ¿Problemas sentimentales?
RAQUEL	—No, problemas económicos. ¡Necesito dinero!
PEDRO	—¡Yo también! Oye, ¿tú tienes que trabajar en el hospital esta noche?
RAQUEL	—No, hoy no trabajo por la noche. Los lunes mi novio y yo estudiamos en la biblioteca.

PEDRO —¿Tú vienes a mi casa mañana?
RAQUEL —No, porque mañana tengo que ir a otro hospital a solicitar trabajo.
PEDRO —Entonces, adiós.
ROSA —(*A Raquel*) Oye, ¿cómo es tu amigo Pedro? ¿Es guapo?
RAQUEL —Es guapo y muy inteligente, pero... tiene novia.

Now the dialogues will be read with pauses for you to repeat what you hear. Imitate the speakers' intonation patterns.

Preguntas y respuestas

You will now hear questions about the dialogues. Answer each one, omitting the subject. The speaker will confirm your response. Repeat the correct response.

Situaciones

The speaker will present several situations based on the dialogues. Respond appropriately in Spanish to each situation. The speaker will confirm your response. Repeat the correct response. Follow the model.

> MODELO: You ask if Carlos is at home.
> **¿Está Carlos?**

II. Pronunciación

Linking

When you hear the number, read the corresponding sentence aloud. Then listen to the speaker and repeat the sentence.

1. ¿De dónde_eres tú?

2. Mis_amigos_son de_Ecuador.

3. Mi_hermana_es_alta_y_elegante.

4. ¿Vienes_a las_ocho?

5. Leen_en_inglés_y_en_español.

III. ¡Vamos a practicar!

A. Provide the correct definite article for each word you hear. The speaker will confirm your response. Repeat the correct response. Follow the model.

> MODELO: problema
> **el problema**

B. Answer each question you hear in the affirmative, using the appropriate possessive adjectives. The speaker will confirm your response. Repeat the correct response. Follow the model.

> MODELO: —¿Es tu amigo?
> **—Sí, es mi amigo.**

C. The speaker will read several phrases. Repeat each phrase, and then change each adjective according to the new cue. Make sure the adjectives agree with the nouns in gender and number. The speaker will confirm your response. Repeat the correct response. Follow the model.

> MODELO: el profesor español
> la profesora
> **la profesora española**
> los profesores
> **los profesores españoles**
> las profesoras
> **las profesoras españolas**

D. Answer each question you hear in the negative, using the subject in your answer. The speaker will confirm your response. Repeat the correct response. Follow the model.

> MODELO: —¿Abres la puerta?
> **—No, yo no abro la puerta.**

E. Answer each question you hear, using the cue provided. The speaker will confirm your response. Repeat the correct response. Follow the model.

> MODELO: —¿Quién viene hoy?   (Carlos)
> **—Carlos viene hoy.**

F. Certain people are not doing what they are supposed to do. Say what they have to do. The speaker will confirm your response. Repeat the correct response. Follow the model.

> MODELO: Tú no estudias.
> **Tú tienes que estudiar.**

IV. Ejercicios de comprensión

A. The speaker will make some statements. After each statement, circle L if it is logical and I if it is illogical. The speaker will confirm your response.

1. L I	5. L I	8. L I
2. L I	6. L I	9. L I
3. L I	7. L I	10. L I
4. L I		

B. Before listening to the dialogues in this section, study the comprehension questions. Reviewing the questions ahead of time will help you to remember key information as you listen.

1. ¿Dónde come Rosa mañana?
2. ¿Tiene que estudiar?
3. ¿Está Carmen?
4. ¿A qué hora regresa?
5. ¿Dónde trabaja Jorge?
6. ¿Trabaja esta noche?

Listen carefully to each dialogue and then answer the questions, omitting the subject. The speaker will confirm your response. Repeat the correct response.

Lección 3, Laboratory Activities   **43**

V. Para escuchar y escribir

Tome nota

You will hear a brief telephone conversation. First listen carefully for general comprehension. Then, as you listen for a second time, fill in the information requested.

Compañía: _____

Mensaje telefónico para: _____

De parte de: _____

Mensaje: _____

_____

Dictado

A. The speaker will say some numbers. Write each one in the space provided. Each number will be read twice.

1. _____

2. _____

3. _____

4. _____

5. _____

6. _____

B. The speaker will read six sentences. Each sentence will be read twice. After the first reading, write what you heard. After the second reading, check your work and fill in what you missed.

1. _____

2. _____

3. _____

4. _____

5. _____

6. _____

Workbook Activities

A. Say what these people are doing by supplying the definite article, **de** + *the definite article*, or **a** + *the definite article*, as required.

1. Marta viene _____ universidad.

   _____ club.

   _____ hospital.

   _____ Ciudad de México.

2. Rodolfo lleva _____ señora.

   _____ primo de Mario.

   _____ entremeses.

   _____ novia de Pedro.

   _____ chicas.

   _____ Sr. Vargas.

   _____ muchachos.

3. Eva llama _____ Sr. Ortega.

   _____ Srta. Rojas.

   _____ muchachas.

   _____ profesor.

B. Two roommates are talking about how they and other people feel. Complete the following exchanges, using expressions with **tener**.

1. —¿Deseas comer un sándwich?

   —No, gracias, _____.

2. —¿_____, Aurora?

   —Sí, ¿hay refrescos en el refrigerador?

   —Sí, hay Coca-Cola.

3. —¿Tienes _____ Alicia?

—Sí, necesito dormir (*to sleep*).

4. —¿Necesitas un suéter?

—No, no _____.

5. —¿Por qué abre Elba la ventana?

—Porque _____.

6. —¿_____, Teresa?

—Sí, son las dos y veinte y yo tengo que estar en la universidad a las dos y media.

C. Complete each of the following sentences with the correct present indicative form of the verb given.

1. Yo (ir) _____ a la fiesta.

(dar) _____ dinero.

(estar) _____ en el club.

2. Tú (ir) _____ a casa de Marta.

(dar) _____ tu número de teléfono.

(estar) _____ bien.

3. José (ir) _____ al baile.

(dar) _____ su dirección.

(estar) _____ en la terraza.

4. Carlos y yo (ir) _____ a Buenos Aires.

(dar) _____ un baile en nuestra casa.

(estar) _____ en el club.

5. Los muchachos (ir) _____ con sus compañeros al gimnasio.

(dar) _____ una fiesta.

(estar) _____ en la cafetería.

D. Complete each sentence with the appropiate form of **ir** + **a** + *infinitive*, using the verbs listed.

bailar   traer   invitar   dar   brindar   empezar

1. Yo _____ a mis compañeros a la fiesta de Navidad.

2. Mis amigos _____ con champán.

3. ¿Tú _____ los discos compactos?

4. La fiesta _____ a las nueve de la noche.

5. Mi prima y yo _____ salsa.

6. ¿Ud. _____ una fiesta en su casa el sábado?

E. Complete the following chart.

Subject	Infinitive	Present Indicative
1. Las chicas	preferir	
2.		entiendo
3. Uds.	querer	
4.		cerramos
5. Fernando	perder	
6.		empiezas
7. Ud.	pensar	
8.		comenzamos

F. Complete the following paragraph about Elena and her friends, using the verbs listed.
Use each verb once.

entender   cerrar   querer   pensar   preferir   empezar

Elena no (1.)_____ ir a la fiesta de Teresa mañana;

(2.)_____ ir al club. Nosotros (3.)_____

ir a la fiesta con José Luis. La fiesta (4.)_____ a las nueve de la noche.

   Elena tiene una amiga que es de París y se llama Michèle. Las amigas de Elena no

(5.)_____ a Michèle porque ella no habla español. Esta noche Elena

y Michèle van a estudiar en la biblioteca hasta (until) las ocho y media. La biblioteca

(6.)_____ a las nueve.

G. Cómo se dice... ? Write the following dialogues in Spanish.

1. "Where are your friends?"
   "They are at the university."
   "Is the party at the club?"
   "No, it's at my house."

   _____

   _____

   _____

2. "Are you in a hurry, Miss Peña?"
   "Yes, I have to go to the hospital."

   _____

   _____

3. "Are you going to take the girls to the Christmas party?"
   "Yes. What time does it start?"
   "It starts at eight."

   _____

   _____

   _____

4. "Are you sleepy, Pablo?"
   "No, but I'm very tired."

   _____

   _____

5. "Are you going to invite Mr. Lara's son to your birthday party, Anita?"
   "No, I prefer to invite Miss Peña's brother."
   "How old is he, Anita?"
   "He is twenty years old."

   _____

   _____

   _____

   _____

H. Crucigrama

Horizontal

2. Deseo un _____ de agua.
3. José no desea bailar. Está un poco _____.
8. "_happy_", en español
9. En un baile, nosotros _____.
11. Madrid es la capital de _____.
13. ¿Cómo se dice "_hors d'oeuvres_" en español?
14. las doce de la noche

16. opuesto de **grande**
19. Hoy es el _____ de Ana. Cumple 20 años.
22. opuesto de **difícil**
23. Hoy celebramos la llegada del año _____.
25. Tomo agua porque tengo _____.
26. Él es mi _____ de clase.
27. Yo _____ a Rosa a la fiesta.

Vertical

1. En España comen doce _____ el 31 de diciembre.
3. "*to celebrate*", en español
4. Elsa trae los discos _____.
5. deseo
6. traer: yo _____

7. empezamos
10. Budweiser es una _____.
12. El champán es una _____.
15. El 25 de diciembre celebramos la _____.
16. Ellos no quieren vino; _____ un refresco.
17. Eva da una _____ de fin de año.
18. Marité trabaja mucho. Está muy _____.
20. muy, muy bueno
21. opuesto de **contento**
24. conversar

I. ¿Qué pasa aquí? Look at the illustration and answer the following questions.

1. ¿Es una fiesta de Navidad?

   _____

2. ¿Es el cumpleaños de Pablo?

   _____

3. ¿Cuántos años tiene Armando?

   _____

4. ¿Quién da la fiesta?

   _____

5. ¿Carmen es la novia de Armando?

   _____

6. ¿Por qué no baila Hernán?

   _____

7. ¿Qué va a comer Hernán?

_____

8. ¿Con quién baila Gabriela?

_____

9. ¿Con quién está Elsa?

_____

10. ¿Con qué brindan Elsa y Fernando?

_____

11. ¿Marcos tiene hambre o tiene sed?

_____

12. ¿Ud. cree que Ana y José son novios o que son hermanos?

_____

Laboratory Activities

Lección 4

I. Para escuchar y contestar

Diálogo: *Una fiesta de fin de año*

The dialogue will be read first without pauses. Pay close attention to the speakers' intonation and pronunciation.

Una invitación

Estás invitado(a) a una fiesta de   *fin de año*

En el domicilio de   *Adela Benavente*

Calle   *18 de Julio,*   número   *923*

Ciudad   *Montevideo*

La fiesta comienza a las   *21 horas*

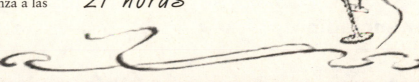

Antes de la fiesta

ADELA —Muchos de mis compañeros de la universidad van a venir a mi fiesta. ¿Tú vas a traer a tu prima?

HUMBERTO —Sí, y también voy a traer unos discos compactos y las empanadas que mi mamá va a preparar.

ADELA —Y nosotros vamos a preparar pollo, entremeses y ensalada de papas. ¡Todo va a estar delicioso!

HUMBERTO —Ay, Adela, yo tengo hambre ahora!

ADELA —¿Quieres un sándwich? Y, si tienes sed, hay refresco, cerveza y agua mineral.

HUMBERTO —Sí, quiero un sándwich y un refresco... No... prefiero un vaso de agua. Oye, ¿a qué hora empieza el baile del club?

ADELA —A las once. ¿Vas a llamar a Julio y a Teresa?

HUMBERTO —Sí, porque ellos piensan ir al club con nosotros. Hoy es el compleaños de Teresa.

ADELA —¿Ah, sí? ¿Cuántos años tiene ella?

HUMBERTO —Creo que hoy cumple veinte años. El sábado da una fiesta y estamos invitados.

Adela y sus amigos lo pasan muy bien en la fiesta. Todos bailan, conversan, comen y beben. Después, van al Club Náutico para celebrar la llegada del año nuevo. Julio no va porque está enfermo.

En el Club Náutico

HUMBERTO —La orquesta es magnífica. ¿Bailamos, Adela?

ADELA —Ahora no, Humberto. Estoy un poco cansada y tengo mucho calor. ¿Por qué no vamos a la terraza?

HUMBERTO —Buena idea. Voy a llevar las bebidas. ¿Quieres champán, sidra o coctel?

ADELA —Para brindar, una copa de champán, por favor. Después, sangría...

JAVIER —¿No tienen uvas? En España siempre comemos doce uvas a la medianoche del 31 de diciembre.

ADELA —No, Javier. No tenemos uvas. ¡Son las doce!

TODOS —¡Feliz año nuevo! ¡Feliz año nuevo!

Now the dialogue will be read with pauses for you to repeat what you hear. Imitate the speakers' intonation patterns.

Preguntas y respuestas

You will now hear questions about the dialogue. Answer each one, omitting the subject. The speaker will confirm your response. Repeat the correct response.

Situaciones

The speaker will present several situations based on the dialogue. Respond appropriately in Spanish to each situation. The speaker will confirm your response. Repeat the correct response. Follow the model.

MODELO: You ask a child if he is hot.
¿Tienes calor?

II. Pronunciación

A. *The sound of the Spanish b and v*

- Repeat each word, imitating the speaker's pronunciation.

veinte	bien
venir	baile
Viviana	bebida
uva	sobrina

- When you hear the number, read the corresponding sentence aloud. Then listen to the speaker and repeat the sentence.

    1. ¿Vas a Burgos para buscar a Viviana?
    2. Victoria baila con Vicente Barrios.
    3. En el verano, Bárbara va a Varsovia con Basilio.

B. *The sound of the Spanish d*

- Repeat each word, imitating the speaker's pronunciation.

delgado	universidad
de	sábado
debe	bebida
dos	adiós

- When you hear the number, read the corresponding sentence aloud. Then listen to the speaker and repeat the sentence.

    1. Dorotea mide dos yardas de seda.
    2. ¿Cuándo es la boda de Diana y Dionisio?
    3. ¿Por dónde anda Delia, doña Dora?

C. *The sound of the Spanish* **g** *(before* **a**, **o**, *or* **u***)*

- Repeat each word, imitating the speaker's pronunciation.

delgado	Durango
guapo	gusto
gordo	Gabriel

- Repeat the following words.

amigo	hago
pregunta	llega
uruguaya	Hugo

- Repeat the following words.

Guevara	guitarra
Guillermo	guerra
alguien	

- When you hear the number, read the corresponding sentence aloud. Then listen to the speaker and repeat the sentence.

    1. Gustavo Guerrero ganó la guerra.
    2. El águila lanzó la daga en el agua.
    3. El gordo guardó la guitarra en el gabinete.

III. ¡Vamos a practicar!

A. Answer each question you hear in the negative, using the cue provided and the personal **a** as needed. The speaker will confirm your response. Repeat the correct response. Follow the model.

> MODELO: —¿Llamas a Olga? (Elena)
> **—No, llamo a Elena.**

1. (Luis)	3. (amiga)	5. (cuadernos)
2. (primas)	4. (profesora)	

B. Answer each question you hear, using the cue provided. The speaker will confirm your response. Repeat the correct response. Follow the model.

> MODELO: —¿A quién llamas? (profesor Vega)
> **—Llamo al profesor Vega.**

1. (doctor)	3. (señor López)	5. (profesora)
2. (club)	4. (novia de Luis)	6. (amigo de Juan)

C. Use expressions with **tener** to say how the people described in each statement feel, according to the situation. The speaker will confirm your response. Repeat the correct response. Follow the model.

> MODELO: I am in Alaska in January.
> **Ud. tiene mucho frío.**

D. You will hear several statements, each followed by a question. Answer each question, using the cue provided. The speaker will confirm your response. Repeat the correct response. Follow the model.

> MODELO: —Luis va a la fiesta. ¿Y tú? (al baile)
> **—Yo voy al baile.**

1. (con Raúl)
2. (con Carmen)
3. (el domingo)
4. (en Colorado)
5. (no)
6. (el domingo)

E. You will hear some statements about what people do on different occasions. Using the cues provided, respond by saying what the new subjects are going to do. The speaker will confirm your response. Repeat the correct response. Follow the model.

> MODELO: Ana trabaja los lunes. (yo—los sábados)
> **Yo voy a trabajar los sábados.**

1. (nosotros—por la mañana)
2. (tú—los martes)
3. (Anita—el viernes)
4. (yo—a las seis)
5. (ellos—entremeses)

F. The speaker will ask several questions. Answer each one, using the cue provided. The speaker will confirm your response. Repeat the correct response. Follow the model.

> MODELO: —¿Adónde quieren ir Uds.? (a la universidad)
> **—Queremos ir a la universidad.**

1. (a las siete)
2. (a las ocho)
3. (no, con Antonio)
4. (no, esta tarde)
5. (sí)
6. (a las diez)
7. (sí)

IV. Ejercicios de comprensión

A. You will now hear some statements. Circle **L** if the statement is logical (**lógico**) or **I** if it is illogical (**ilógico**). The speaker will confirm your response.

1. L I
2. L I
3. L I
4. L I
5. L I
6. L I
7. L I
8. L I
9. L I
10. L I

B. Before listening to the dialogues in this section, study the comprehension questions below. Reviewing the questions ahead of time will help you to remember key information as you listen.

1. ¿Por qué no quiere comer Estela?
2. ¿Estela tiene sed?
3. ¿Qué prefiere tomar?
4. ¿Cuántos años tiene Marta?
5. ¿Qué celebra Marta hoy?

56 *Lección 4, Laboratory Activities*

6. ¿Adónde va a ir Marta?
7. ¿A qué hora empieza el baile?
8. ¿Por qué no quiere bailar Silvia?
9. ¿Adónde quiere ir ella?
10. ¿Por qué quiere ir a la terraza?

Listen carefully to each dialogue and then answer the questions, omitting the subject. The speaker will confirm your response. Repeat the correct response.

V. Para escuchar y escribir

Tome nota

You will hear a young man describe his birthday party. First listen carefully for general comprehension. Then, as you listen for a second time, fill in the information requested.

¡Es una fiesta de _____**!**

Para _____

Día _____

Hora _____

Lugar _____

Dictado

The speaker will read six sentences. Each sentence will be read twice. After the first reading, write what you heard. After the second reading, check your work and fill in what you missed.

1. _____
2. _____
3. _____
4. _____
5. _____
6. _____

Check Your Progress

Lecciones 3y4

Lección 3

A. Place the following words in the corresponding columns and provide the appropriate indefinite articles.

muchedumbre (*crowd*)   día   sistema
borrador   presión (*pressure*)   mano
telegrama   universidad   poema
amistad (*friendship*)

Femenino	*Masculino*
1. _____	6. _____
2. _____	7. _____
3. _____	8. _____
4. _____	9. _____
5. _____	10. _____

B. Complete the following, using the Spanish equivalent of the words in parentheses.

1. Yo voy con _____ amigos.   (*my*)

2. _____ profesora es de Cuba.   (*Our*)

3. ¿Tú necesitas _____ libros?   (*your*)

4. ¿Dónde está _____ prima, Srta. Rojas?   (*your*)

5. Elsa tiene que hablar con _____ profesores.   (*her*)

C. Write the following numbers in Spanish.

1. 538 _____

2. 796 _____

3. 975 _____

4. 1,460 _____

5. 15,300 _____

D. Complete the following sentences in a logical manner.

1. Él es un muchacho muy guapo y ella _____.

2. Los chicos son españoles y las chicas _____.

3. El Sr. Rojas es muy alto, pero la Sra. Rojas _____.

4. Él es simpático pero sus hermanas _____.

E. Answer the following questions, using complete sentences.

1. ¿Tú vives con tus padres?

_____

2. ¿Tus amigos viven cerca de tu casa?

_____

3. ¿Tú abres las ventanas de tu cuarto (*room*) por la noche?

_____

4. ¿Tú comes en la cafetería de la universidad o en tu casa?

_____

5. ¿Tú bebes Coca-Cola o Pepsi?

_____

6. ¿Tú recibes muchas cartas (*letters*)?

_____

7. ¿Qué idioma aprenden Uds.?

_____

8. ¿Tú lees libros en español?

_____

9. ¿En qué idioma escriben Uds.?

_____

10. ¿Cuántas clases tienes tú?

_____

11. ¿Uds. tienen que estudiar mucho en la clase de español?

_____

12. ¿Qué días vienes tú a la universidad?

_____

Lección 4

A. Write the following dialogues in Spanish.

1. "Are they coming from the university?"
   "No, they're coming from the club."

_____

_____

2. "Do they wish to call Miss Torres or Mr. Vargas?"
   "They wish to call their sister."

_____

_____

B. Answer the following questions with complete sentences, using the cues provided.

1. ¿Tienes hambre?   (sí, mucha)

_____

2. ¿Adónde quieres ir?   (a la cafetería)

_____

3. ¿Qué quieres comer?   (un sándwich)

_____

4. ¿Tienes sed?   (sí)

_____

5. ¿Qué prefieres beber?   (un refresco)

_____

6. ¿Qué van a leer Uds.?   (el libro)

_____

7. ¿A qué hora comienza la clase?   (a las nueve)

_____

C. Complete the following sentences, using the appropriate forms of **ir, dar,** or **estar.**

1. Yo nunca _____ fiestas.

2. ¿Tú _____ al baile del club?

3. Teresa _____ en la terraza. ¿Dónde _____ ellos?

4. Nosotros no _____ al baile pero Luis _____.

5. ¿Ud. _____ a la fiesta que _____ Irma?

D. Write the following dialogues in Spanish.

1. "I'm very cold."
   "Do you want to close the window?"

   _____

   _____

2. "When is she going to bring the soft drinks?"
   "Tomorrow."

   _____

   _____

3. "Where is the party? At Ana's house?"
   "Yes, are you going?"
   "No, I'm very tired."

   _____

   _____

   _____

E. Imagine that you are planning to give a party. Write a brief paragraph about what you are going to serve (**servir**) to eat and drink, whom you are going to invite, and whether or not you are going to dance.

   _____

   _____

   _____

   _____

   _____

Workbook Activities

A. Imagine that this picture is a photo taken at a party that you attended. Look at the picture and complete the following sentences, relating what the people are doing and establishing comparisons among them.

1. Alberto _____ _____ con Rita. Rita es _____ _____ que

   Alberto. Él es _____ _____ que ella.

2. Julio y Elisa _____. Julio es mucho _____ _____ que ella. Elisa es la

   _____ _____ de la fiesta.

3. Luis es _____ _____ que Mario. Mario es el _____ _____

   de la fiesta.

4. Pedro es _____ _____ que Alberto.

5. Estela y Dora _____ _____ café. Estela es _____ _____ que Dora.

6. Rita es bonita, pero no es _____ _____ _____ Estela.

B. Complete the following sentences, using appropriate comparative forms.

1. Elena tiene veinte años. Jorge tiene treinta años.

   Elena es _____ que Jorge. Jorge es _____ que Elena.

2. Marta tiene una "A" en alemán, Felicia tiene una "B" y Ramón tiene una "D".

   Ramón es el _____. Marta es la _____.

3. Yo hablo inglés mal. Tú hablas inglés muy bien.

   Yo hablo inglés _____ que tú. Tú hablas inglés _____ que yo.

C. Complete the chart below.

Subject	Infinitive	Present Indicative
1. yo	poder	
2.		volvemos
3. Uds.	almorzar	
4.		encuentras
5. Luis	dormir	
6.		vuelo
7. los chicos	recordar	
8.		podemos
9. el cuadro	costar	

D. Somebody wants to know about your plans. Answer his questions, using the cues provided.

1. ¿Puede Ud. viajar a México este verano?   (sí)

   _____

2. ¿Cuánto cuesta viajar a México?   (quinientos dólares)

   _____

3. ¿Ud. y su familia vuelan a México?   (sí)

   _____

4. ¿A qué hora vuelve Ud. a su casa hoy?   (a las cinco)

   _____

5. Ud. y sus amigos, ¿almuerzan en la cafetería o en su casa?   (en la cafetería)

_____

6. Ud. necesita hablar con su profesor hoy. ¿Recuerda su número de teléfono?   (no)

_____

E. Using the present progressive tense, describe as completely as possible what each of the following people is doing.

1. Ella _____

_____

2. El profesor _____

_____

3. Ellos _____

_____

4. Tú _____

_____ la cena.

5. Yo _____

_____ una carta.

F. Complete each of the following sentences with either **ser** or **estar**, as appropriate. Indicate the reason for your choice by placing the corresponding number in the blank provided before the sentence.

Uses of *ser*	Uses of *estar*

Uses of ser
1. characteristic / expressions of age
2. material that something is made of
3. nationality / origin / profession
4. time and dates
5. event that is taking place
6. possession / relationship

Uses of estar
7. condition
8. location
9. reaction / sensory perception

_____ 1. ¡La ensalada _____ deliciosa!

_____ 2. Ellos _____ enfermos.

_____ 3. Miguel Ángel _____ mi hermano.

_____ 4. La fiesta _____ en el Club Tropicana.

_____ 5. Nosotros _____ norteamericanos: yo _____

de Arizona y ella _____ de Utah.

_____ 6. El hospital _____ en la calle Cuarta.

_____ 7. Ana _____ muy bonita.

_____ 8. Los cuadernos _____ de Irene.

_____ 9. El café _____ frío.

_____ 10. ¿Dónde _____ tu hermana?

_____ 11. Rogelio _____ muy inteligente.

_____ 12. Yo _____ profesor.

_____ 13. _____ las dos y media.

_____ 14. La mesa _____ de metal.

G. Complete the following sentences, using the correct pronouns.

1. El cuadro es para _____. (yo)

_____. (ellos)

_____. (Ud.)

_____. (tú)

_____. (nosotros)

2. Ellos hablan de _____. (nosotros)

_____. (tú)

_____. (yo)

_____. (él)

_____. (Uds.)

3. Raúl va con _____. (ellas)

_____. (tú)

_____. (nosotros)

_____. (yo)

_____. (ella)

H. ¿Cómo se dice...? Write the following dialogues in Spanish.

1. "Can you go to the museum this weekend, Mr. Vargas?"
   "I can't. I have to work, but David can go."
   "What's his phone number?"
   "I don't remember."

   _____

   _____

   _____

   _____

2. "Your uncle is very handsome." (**tú** *form*)
   "Yes, but he has (a) girlfriend."
   "What is she like? Is she prettier than I?"
   "Yes, but you are much more intelligent."

   _____

   _____

   _____

   _____

3. "Are you younger than your brother, Miss Vargas?"
   "No, I'm two years older than he. I am the oldest in the family."

   _____

   _____

4. "You are the prettiest girl in the world, Rocío."
   "Thank you."

   _____

   _____

5. "I can't study because I don't have as much time (**tiempo**) as you."
   "But you don't have as many classes as I."

   _____

   _____

I. Crucigrama

Horizontal

2. opuesto de **menor**
6. Soy de los Estados _____.
7. ¿Es alto o de estatura _____?
9. opuesto de **cómodo**
10. foto
14. coche
15. echar de menos
16. Es la hija de mi hermano. Es mi _____.
17. Son mis _____. Son los padres de mi mamá.
19. ¿Qué planes tienes para este fin de _____?
22. opuesto de **peor**

Vertical

1. manejo
3. No es un hotel; es una _____.
4. Es mi _____. Es el hijo de mi madrastra.
5. cuadro
8. comer al mediodía
11. ómnibus
12. Es mi _____. Es la hermana de mi esposo.
13. regresa
18. "*it rains*", en español
20. Estudia _____. Quiere ser médico.
21. Yo voy contigo y tú vas _____.

1

2

3

4

5

6

7

8

9

10

11

12

13

14

15

16

17

18

19

20

21

22

J. **¿Qué pasa aquí?** Look at the illustration and answer the following questions.

1. ¿Las personas están en una pensión?

   _____

2. ¿Qué día es hoy?

   _____

3. ¿La Sra. Torres y Mirta van a almorzar juntas (*together*)?

   _____

4. ¿Con quién va a almorzar Mirta?

   _____

5. ¿Mirta es la hermana de Raquel?

   _____

6. ¿Cuál es el apellido (*last name*) de Raquel?

   _____

7. ¿Olga es la prima de Beatriz?

   _____

8. ¿Olga es mayor o menor que Beatriz?

_____

9. ¿Cuál de las dos es más alta?

_____

10. ¿Adónde van a ir de excursión?

_____

11. ¿Van en coche?

_____

12. ¿A qué hora van?

_____

Para leer

¡Vamos a Madrid!

Cindy y Robin son dos chicas norteamericanas que° estudian medicina en la Universidad de Barcelona. Cindy tiene veinte años; es una chica alta, rubia y muy simpática. Robin tiene diecinueve años; es morena, de ojos° castaños° y es más alta y más delgada que Cindy. Las dos chicas son muy inteligentes y estudian mucho.

who

eyes / brown

    Este fin de semana Robin y Cindy piensan ir a Madrid porque quieren visitar a unos amigos que viven allí. Cindy quiere ir en automóvil pero Robin piensa que es mejor ir en ómnibus porque es tan cómodo como el coche.

    El sábado van a ir al Museo del Prado porque Robin quiere ver los cuadros de Goya y de Velázquez que tienen allí. Por la noche van a ir a un club a bailar. El domingo van a visitar la ciudad de Toledo, y por la noche Cindy quiere comer en un restaurante de la Gran Vía, la famosa calle de Madrid.

    Hoy Robin va a comprar° unos discos compactos de música española para su hermano porque la próxima semana° es su cumpleaños.

buy

la... next week

¡Conteste!

1. ¿De dónde son Cindy y Robin?

_____

2. ¿A qué universidad asisten?

_____

3. ¿Cómo es Cindy?

_____

4. ¿Cómo es Robin?

_____

5. ¿Quién es mayor?

_____

6. ¿Adónde piensan ir este fin de semana? ¿Por qué?

_____

7. ¿Por qué piensa Robin que es mejor ir en ómnibus?

_____

8. ¿Qué pintores (*painters*) españoles prefiere Robin?

_____

9. ¿Adónde van a ir el domingo?

_____

10. ¿Qué es la Gran Vía?

_____

11. ¿Qué va a comprar Robin?

_____

12. ¿Quién celebra su cumpleaños la semana próxima?

_____

Laboratory Activities

Lección 5

I. Para escuchar y contestar

Diálogo: *Planes para un fin de semana*

The dialogue will be read first without pauses. Pay close attention to the speakers' intonation and pronunciation.

Carol, una estudiante de los Estados Unidos, está en España. Asiste a la Universidad de Salamanca y vive en una pensión cerca de la Plaza Mayor. Quiere aprender a hablar español perfectamente y por eso nunca pierde la oportunidad de practicar el idioma. Ahora está hablando con dos amigos españoles en un café al aire libre. Están comiendo sándwiches y bebiendo café.

LUIS —Oye, Carol, ¿puedes ir con nosotros a Madrid este fin de semana?

CAROL —No, no puedo. Tengo que escribir muchas cartas... a mi abuela, a mi tío, a mi hermano...

LUIS —Tú echas de menos a tu familia, ¿no?

CAROL —Sí... especialmente a mi hermano mayor.

CARMEN —¿Cómo es tu hermano? ¿Rubio? ¿Moreno?

CAROL —Es rubio, delgado y de estatura mediana. Estudia medicina.

CARMEN —¡Muy interesante! ¿Cuándo viene a España? ¿En el verano?

CAROL —No, va a viajar a México con su esposa y sus dos hijas.

CARMEN —¡Bah! Es casado... ¡Qué lástima! ¿No tienes otro hermano?

CAROL —No, lo siento. Aquí tengo una fotografía de mis sobrinas.

CARMEN —(*Mira la foto.*) ¿Éstas son tus sobrinas? ¡Son muy bonitas!

CAROL —Empiezan a asistir a la escuela el quince de septiembre.

LUIS —¡Oye! ¿Por qué no vas a Madrid con nosotros? Es más interesante que escribir cartas.

CAROL —¿Van en coche?

LUIS —No, preferimos ir en ómnibus. Es tan cómodo como el coche, no cuesta mucho y no tenemos que conducir.

CAROL —¡Buena idea! Yo nunca manejo en Madrid. ¿Y adónde piensan ir?

CARMEN —Al Museo del Prado. Allí están algunos de los cuadros más famosos del mundo.

LUIS —¡Es muy interesante! Y Madrid tiene unos restaurantes muy buenos! Nosotros siempre almorzamos en Casa Botín que, para mí, es el mejor de todos.

CAROL —Vale. ¡Vamos a Madrid...! ¡Si no llueve! Porque si llueve no voy.

CARMEN —No, hija, no va a llover.

CAROL —¿Cuándo volvemos?

LUIS —El sábado por la noche o el domingo.

CARMEN —Ah, Luis, la fiesta de Marisol es mañana. ¿Dónde es?

LUIS —Es en su casa. ¿Quieren ir conmigo?

CARMEN —Sí, vamos contigo.

LUIS —¡Magnífico! Estén listas a las nueve.

Now the dialogues will be read with pauses for you to repeat what you hear. Imitate the speakers' intonation patterns.

Preguntas y respuestas

You will now hear questions about the dialogue. Answer each one, omitting the subject. The speaker will confirm your response. Repeat the correct response.

Situaciones

The speaker will present several situations based on the dialogue. Respond appropriately in Spanish to each situation. The speaker will confirm your response. Repeat the correct response. Follow the model.

> MODELO: You ask a friend if she misses her family.
> **¿Tú echas de menos a tu familia?**

II. Pronunciación

A. *The sound of the Spanish p*

- Repeat each word, imitating the speaker's pronunciation.

perfectamente	tiempo	oportunidad
pintura	papá	septiembre
pensión	primo	poder

- When you hear the number, read the corresponding sentence aloud. Then listen to the speaker and repeat the sentence.

    1. Para practicar preciso tiempo y plata.
    2. Pablo puede pedirle la carpeta.
    3. El pintor pinta un poco para pasar el tiempo.

B. *The sound of the Spanish t*

- Repeat each word, imitating the speaker's pronunciation.

nieta	restaurante	practicar
tío	carta	auto
otro	este	foto

- When you hear the number, read the corresponding sentence aloud. Then listen to the speaker and repeat the sentence.

    1. ¿Todavía tengo tiempo o es tarde?
    2. Tito trae tomates para ti también.
    3. Teresa tiene tres teléfonos en total.

C. *The sound of the Spanish c*

- Repeat each word, imitating the speaker's pronunciation.

café	coche	cuñado
nunca	cómodo	cuánto
calle	simpático	cuándo

- When you hear the number, read the corresponding sentence aloud. Then listen to the speaker and repeat the sentence.

    1. Carmen Cortés compró un coche.
    2. Cándido conoció a Paco en Colombia.
    3. Coco canta canciones cubanas.

74 *Lección 5, Laboratory Activities*

D. *The sound of the Spanish q*

- Repeat each word, imitating the speaker's pronunciation.

Quintana	aquí
Roque	quiere
queso	orquesta

- When you hear the number, read the corresponding sentence aloud. Then listen to the speaker and repeat the sentence.

  1. ¿Qué quiere Roque Quintana?
  2. ¿Quieres quedarte en la quinta?
  3. El pequeño Quique quiere queso.

III. ¡Vamos a practicar!

A. Respond to each statement you hear, using the comparative form. The speaker will confirm your response. Repeat the correct response. Follow the model.

> MODELO: Yo soy alto.
> **Yo soy más alto que tú.**

B. Establish comparisons of equality between the people described in each pair of statements you hear. The speaker will confirm your response. Repeat the correct response. Follow the model.

> MODELO: Jorge es bajo. Pedro es bajo.
> **Jorge es tan bajo como Pedro.**

C. You will hear several statements describing people or places. Using the cues provided, express the superlative. The speaker will confirm your response. Repeat the correct response. Follow the model.

> MODELO: —Tomás es muy guapo. (de la clase)
> **—Sí, es el más guapo de la clase.**

1. (de España)   3. (de la clase)   5. (de la ciudad)
2. (de California)   4. (de la familia)

D. Answer each question you hear, using the cue provided. The speaker will confirm your response. Repeat the correct response. Follow the model.

> MODELO: —¿Puede venir Marcos hoy? (no)
> **—No, no puede venir.**

1. (en la cafetería)   3. (en enero)   5. (no)
2. (dos dólares)   4. (sí)   6. (no)

E. Rephrase each of the following statements, using the present progressive tense. The speaker will confirm your response. Repeat the correct response. Follow the model.

> MODELO: Jorge come ensalada.
> **Jorge está comiendo ensalada.**

F. Combine the phrases given to form sentences, using the appropriate form of **ser** or **estar**. The speaker will confirm your response. Repeat the correct response. Follow the model.

      MODELO: mis padres / de México
                 Mis padres son de México.

G. Answer each of the following questions, using the second alternative given. The speaker will confirm your response. Repeat the correct response. Follow the model.

      MODELO: —¿Vas a ir con ellas o con nosotros?
                 —**Voy a ir con Uds.**

IV. Ejercicios de comprensión

A. The speaker will make some statements. After each statement, circle L if it is logical (**lógico**) and I if it is illogical (**ilógico**). The speaker will confirm your response.

1. L I		6. L I
2. L I		7. L I
3. L I		8. L I
4. L I		9. L I
5. L I		10. L I

B. Before listening to the dialogues in this section, study the comprehension questions below. Reviewing the questions ahead of time will help you to remember key information as you listen.

1. ¿Rosa y Carlos almuerzan en la cafetería?

2. ¿Dónde almuerzan?

3. ¿Por qué no almuerzan en la cafetería?

4. ¿Por qué no va a almorzar Luis con Rosa y con Carlos?

5. ¿Qué no recuerda Oscar?

6. ¿Cuándo vuela Rita a México?

7. ¿Cuándo vuelve?

8. ¿Anita es mayor o menor que Carlos?

9. ¿Quién es más alto?

10. ¿Anita es la hermana de Carlos?

76   *Lección 5, Laboratory Activities*

V. Para escuchar y escribir

Tome nota

You will hear a brief news report about a bank robbery. It will include a description of the robbers. First listen carefully for general comprehension. Then, as you listen for a second time, fill in four identifying characteristics of each robber.

El hombre	La mujer
1. _____	1. _____
2. _____	2. _____
3. _____	3. _____
4. _____	4. _____

Dictado

The speaker will read six sentences. Each sentence will be read twice. After the first reading, write what you heard. After the second reading, check your work and fill in what you missed.

1. _____

2. _____

3. _____

4. _____

5. _____

6. _____

Workbook Activities

A. Complete the chart below.

Infinitive	yo	tú	Ud., él, ella	nosotros	Uds., ellos
1. servir					
2.	pido				
3.		dices			
4.			sigue		
5.					consiguen

B. Complete the following to say what you and your friends do when you eat out and shop. Use the verbs listed. The numbers in parentheses indicate how many times each verb should be used.

      pedir (3)   conseguir (1)   decir (1)   servir (1)

En el restaurante el Azteca _____ los mejores tamales y las mejores enchiladas.

Roberto y yo siempre _____ tamales y Jorge _____ enchiladas.

Nora _____ que nosotros siempre _____ lo mismo (*the*

same thing).

    Mañana, Jorge va a ir a una tienda (*store*) donde él siempre _____ discos

compactos de música mexicana.

C. **A review of stem-changing verbs.** Complete the following dialogues, using stem-changing verbs.

1. —Carla, ¿tú _____ ir a la fiesta de Juan?

   —Yo no _____ ir porque tengo que trabajar. ¿Tú vas?

   —No, yo _____ ir al club a bailar.

2. —¿A qué hora _____ a servir el desayuno en el hotel?

—A las siete. _____ desayuno continental y desayuno americano.

—¿Cuánto _____ el desayuno continental?

—_____ cinco dólares, pero yo siempre _____

el desayuno americano.

3. —¿Cuándo _____ Uds. de sus vacaciones?

—_____ en agosto porque las clases _____

en septiembre.

—Cuando Uds. van a Chile, ¿_____ o van en coche?

—_____ porque es más rápido (*faster*).

4. —¿Tú _____ en la cafetería?

—No, porque la cafetería _____ a las dos y yo trabajo hasta las tres.

5. —(Yo) no _____ mis llaves. ¿Dónde están?

—Tú siempre _____ tus llaves.

6. —Cuando tus abuelos hablan en italiano, ¿tú _____ lo que (*what*)

_____ ?

—No, no _____ nada.

D. Rewrite the following story, making all sentences negative.

   Elena siempre va a San Francisco y su esposo va también. Siempre compran algo
porque tienen mucho dinero. Algunos de sus amigos los visitan los domingos, y Elena sirve
vino o refrescos. Elena es muy simpática y su esposo es muy simpático también.

_____

_____

_____

_____

_____

_____

_____

E. Tell about yourself by answering the following questions. Use the cues provided.

1   ¿A qué hora sales de tu casa?   (siete)

_____

2. ¿Qué coche conduces?   (Ford)

_____

3. ¿Traes los libros a la universidad?   (sí)

_____

4. ¿Conoces a muchos de los estudiantes de la universidad?   (sí)

_____

5. ¿Sabes el número de teléfono de tu profesor?   (no)

_____

6. En la clase, ¿traduces del inglés al español?   (sí)

_____

7. ¿Haces la tarea (*homework*) por la tarde o por la noche?   (la noche)

_____

8. ¿Dónde pones tus libros cuando llegas a tu casa?   (en mi escritorio)

_____

9. ¿Qué días ves a tus amigos?   (los domingos)

_____

F. What does everybody "know"? Write sentences using **saber** or **conocer** and the elements given.

1. nosotros / Teresa

_____

2. yo / el poema / de memoria

_____

3. Elsa / no / California

_____

4. ellos / hablar / inglés

_____

5. tú / novelas de Cervantes

_____

6. Armando / no hablar / alemán

_____

G. Complete the following dialogues, using direct object pronouns.

MODELO: ¿Ella llama *a Teresa*?
Sí, ella _____ llama.
Sí, ella la llama.

1. ¿Ellos *te* visitan?

Sí, ellos _____ visitan.

2. ¿Tú llamas *a Jorge*?

Sí, yo _____ llamo.

3. ¿Tú vas a comprar *los cheques de viajero*?

Sí, yo voy a comprar _____.

4. ¿Uds. *nos* llaman (a nosotras)?

Sí, nosotros _____ llamamos.

5. ¿Jorge va a llevar a *las chicas*?

Sí, Jorge va a llevar _____.

6. ¿Anita trae *el mapa*?

Sí, Anita _____ trae.

7. ¿Tú *me* llamas mañana?

Sí, yo _____ llamo mañana.

8. ¿Ellos *las* llevan (*a Uds.*) a la fiesta?

Sí, ellos _____ llevan a la fiesta.

9. ¿Ellos *las* llevan (*a ellas*) a la fiesta?

Sí, ellos _____ llevan a la fiesta.

10. ¿Tú puedes traer *la maleta de Jorge*?

Sí, yo puedo traer _____.

H. Your friend is asking you many questions about your plans. Answer them, using the cues provided and the appropriate direct object pronouns.

1. ¿Cuándo puedes traer *las maletas*?   (mañana)

_____

2. ¿Puedes llamar*me* esta noche?   (sí) (**tú** *form*)

_____

3. ¿Tú tienes *la llave del cuarto*?   (no)

_____

4. ¿Aceptan *tarjetas de crédito* en el hotel?   (sí)

_____

5. ¿Quién *te* lleva al centro mañana?   (mi tío)

_____

6. ¿Tú vas a firmar *el registro*?   (sí)

_____

7. ¿Vas a visitar *a tus amigos* esta noche?   (sí)

_____

8. ¿Quien *los* va a llevar *a Uds.* al aeropuerto el sábado?   (mi prima)

_____

I. Say what the weather is like in different parts of the country.

Chicago   Miami   Alaska   Oregon

1. En Chicago _____ y _____ .

2. En Miami _____ y _____ .

3. En Alaska _____ y _____ .

4. En Oregón _____ .

J. **¿Cómo se dice...?** Write the following dialogues in Spanish.

1. "Do you buy anything when you travel?"
   "No, I never buy anything."
   "I never buy anything either."

   _____

   _____

   _____

2. "What is Isabel saying?"
   "She's not saying anything."

   _____

   _____

3. "Do you need the keys, Anita?"
   "Yes, I need them. Can you bring them tonight, please?"

   _____

   _____

4. "I want a room with a view of the street."
   "I have one that is vacant."
   "Fine. Do I have to sign the register?"
   "Yes, you have to sign it."

   _____

   _____

   _____

   _____

5. "What time do they serve breakfast?"
   "Breakfast is at eight, lunch is at two, and dinner is at nine."

   _____

   _____

K. Crucigrama

Horizontal

3. ¿La habitación es interior o con _____ a la calle?
4. ascensor
6. El desayuno es a las siete y el _____ es a las doce.
7. ¿Tiene una _____ de hoteles y pensiones?
10. opuesto de **nada**
11. Voy a la _____ de turismo.
12. Dial, Dove, etc.
16. ¿Dónde está el cuarto de _____?
17. cuarto

19. Trabaja en el hotel. Es un _____ del hotel.
21. Las necesitamos para abrir las puertas.
22. Vamos a ver las _____ de Machu Picchu.
23. ¿Cómo se dice "*to have dinner*"?
26. Tienen objetos de _____ y plata.
27. Ellos _____ el desayuno a las ocho.
29. opuesto de **cancelar**
30. opuesto de **alguien**
31. opuesto de **muchos**
32. opuesto de **siempre**

84 *Lección 6, Workbook Activities*

Vertical

1. ¿Tienen _____ de habitación?
2. Necesito jabón y una _____.
3. ¿Cómo se dice "*I visit*"?
5. Primero como y _____ trabajo.
8. Tiene que _____ el registro.
9. valija
13. opuesto de **caro**
14. Necesito cheques de _____.
15. Tengo mi cámara _____.

16. El _____ lleva las maletas al cuarto.
18. ¿Aceptan _____ de crédito?
19. mostrar
20. En el hotel ellos _____ una habitación.
24. opuesto de **izquierda**
25. opuesto de **doble**
28. La _____ de México está en Washington, D.C.

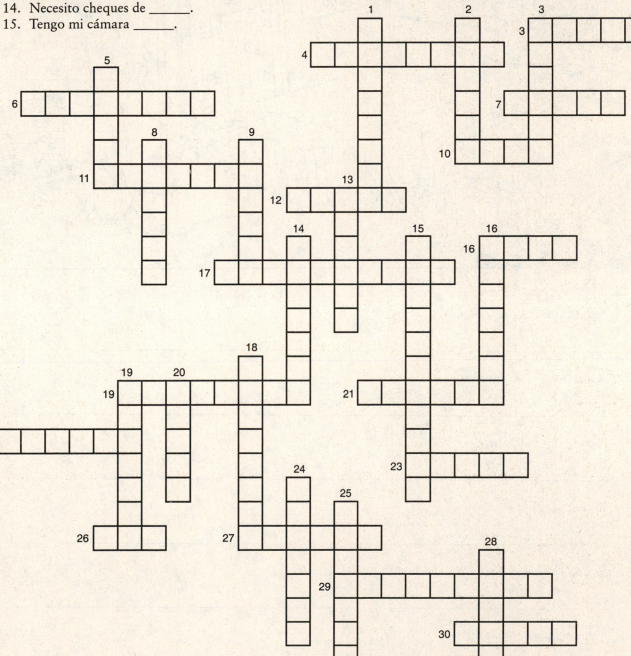

L. **¿Qué pasa aquí?** Look at the illustration and answer the following questions.

1. ¿A qué hora es el desayuno?

   _____

2. ¿A qué hora es el almuerzo?

   _____

3. ¿A qué hora es la cena?

   _____

4. ¿El cuarto es interior?

   _____

5. ¿Es una habitación sencilla o doble?

   _____

6. ¿Tiene el cuarto baño privado?

   _____

7. ¿Cuántas maletas tienen Magali y Javier?

   _____

8. ¿Qué no tiene Magali?

   _____

9. ¿Qué quiere comprar Magali? ¿Cuánto cuesta?

   _____

10. ¿Dónde está Javier?

    _____

11. ¿Qué va a pedir Javier?

    _____

12. ¿Cuántas toallas hay en el baño?

    _____

Laboratory Activities

I. Para escuchar y contestar

Diálogo: *Un viaje a Perú*

The dialogue will be read first without pauses. Pay close attention to the speakers' intonation and pronunciation.

Teresa, una profesora mexicana, va a pasar sus vacaciones en Perú. Ella acaba de llegar a Lima, donde piensa pasar unos días antes de ir a Machu Picchu para conocer las famosas ruinas de los incas. Teresa muestra su pasaporte y luego pasa por la aduana. En el aeropuerto Teresa ve objetos de oro y de plata y compra algunos para su familia.

Teresa va a la oficina de turismo para conseguir información.

TERESA —Buenos días, señor. ¿Tiene Ud. una lista de hoteles y pensiones? Yo no conozco Lima.

EMPLEADO —Sí, señorita. Aquí la tiene.

Teresa lee un anuncio sobre el hotel Bolívar.

Hotel Bolívar

El mejor hotel de Lima, situado en el centro de la ciudad cerca de muchos lugares de interés, es el favorito de miles de turistas que visitan nuestra hermosa capital. Tenemos amplios cuartos con vista a la calle o interiores. Todas las habitaciones tienen baño privado, aire acondicionado y televisor.

El hotel tiene dos restaurantes que ofrecen comida internacional y servicio de habitación. Aceptamos tarjetas de crédito y cheques de viajero.

Para hacer reservaciones, llame al teléfono 285-3946.

TERESA —Quiero ir al hotel Bolívar. ¿Dónde puedo tomar un taxi?

EMPLEADO —Vaya a la segunda puerta a la derecha. También hay un ómnibus que la lleva al centro.

En el hotel Bolívar, Teresa pide una habitación.

TERESA —Necesito una habitación sencilla con baño privado, por favor.

EMPLEADO —Tenemos una con vista a la calle que cuesta 208 soles por día. También hay otra interior en el segundo piso por 130 soles.

TERESA —Son un poco caras. ¿No tiene alguna más barata?

EMPLEADO —No, no hay ninguna. Ahora hay pocos cuartos libres.

TERESA —Prefiero el cuarto interior. ¿A cómo está el cambio de moneda?

EMPLEADO —No sé... Voy a averiguarlo. Por favor, firme aquí.

Teresa firma el registro.

   TERESA —Quiero cenar en mi habitación. ¿Hasta qué hora sirven la cena?

  EMPLEADO —La sirven hasta las once.

   TERESA —¿Puede alguien llevar mis maletas al cuarto?

  EMPLEADO —Sí, en seguida viene el botones a llevarlas. Aquí tiene la llave.

Como hace calor, Teresa decide ir a la piscina.

Now the dialogue will be read with pauses for you to repeat what you hear. Imitate the speakers' intonation patterns.

Preguntas y respuestas

You will now hear questions about the dialogue. Answer each one, omitting the subject. The speaker will confirm your response. Repeat the correct response.

Situaciones

The speaker will present several situations based on the dialogue. Respond appropriately in Spanish to each situation. The speaker will confirm your response. Repeat the correct response. Follow the model.

  MODELO: You need a single room with a private bathroom.
      Necesito una habitación sencilla con baño privado.

II. Pronunciación

 A. *The sound of the Spanish* **g**

  • Repeat each word, imitating the speaker's pronunciation.

Gerardo	Argentina	ingeniero
agencia	general	agente
registro	inteligente	Genaro

  • When you hear the number, read the corresponding sentence aloud. Then listen to the speaker and repeat the sentence.

   1. Gerardo le da el registro al agente.
   2. El general y el ingeniero recogieron los giros.
   3. Ginés gestionó la gira a la Argentina.

 B. *The sound of the Spanish* **j**

  • Repeat each word, imitating the speaker's pronunciation.

Julia	dejar	embajada
pasaje	jabón	viajero
tarjeta	objeto	jueves

  • When you hear the number, read the corresponding sentence aloud. Then listen to the speaker and repeat the sentence.

   1. Julia juega con Josefina en junio.
   2. Juan Juárez trajo los juguetes de Jaime.
   3. Esos jugadores jamás jugaron en Jalisco.

C. *The sound of the Spanish h*

- Repeat each word, imitating the speaker's pronunciation.

hay	Hilda	habitación
Honduras	hermano	hasta
ahora	hotel	hija

- When you hear the number, read the corresponding sentence aloud. Then listen to the speaker and repeat the sentence.

    1. Hay habitaciones hasta en los hoteles.
    2. Hernando Hurtado habla con su hermano.
    3. Hortensia habla con Hugo en el hospital.

III. ¡Vamos a practicar!

A. Answer each question you hear, using the cue provided. The speaker will confirm your response. Repeat the correct response. Follow the model.

MODELO: —¿Qué piden Uds.?   (un refresco)
—Pedimos un refresco.

1. (pollo y ensalada)   3. (sí)   5. (no)
2. (a las ocho)   4. (sí)

B. Answer each question you hear in the negative. The speaker will confirm your response. Repeat the correct response. Follow the model.

MODELO: —¿Quieres comprar algunos objetos?
—No, no quiero comprar ningún objeto.

C. Answer the following questions in the affirmative. The speaker will confirm your response. Repeat the correct response. Follow the model.

MODELO: —¿Traes a tu amiga a la fiesta?
—Sí, traigo a mi amiga a la fiesta.

D. Say what or whom the following people know, using **saber** or **conocer** and the cues provided. The speaker will confirm your response. Repeat the correct response. Follow the model.

MODELO: Sergio   (a María)
Sergio conoce a María.

1. (hablar español)
2. (España)
3. (dónde viven)
4. (las novelas de Cervantes)
5. (a sus padres)

E. Say that Luis will be able to take the following people to a party in his car. The speaker will confirm your response. Repeat the correct response. Follow the model.

> MODELO: —Yo no tengo coche.
> —**Luis puede llevarte.**

F. Using the cues provided, say what the weather is like in each place. The speaker will confirm your response. Repeat the correct response. Follow the model.

> MODELO: ¿Qué tiempo hace en Phoenix?   (calor)
> **Hace calor.**

1. (mucho frío)
2. (llover mucho)
3. (viento)
4. (nevar mucho)
5. (hay niebla)

IV. Ejercicios de comprensión

A. You will now hear some statements. Circle L if it is logical (**lógico**) or I if it is illogical (**ilógico**). The speaker will confirm your response.

1. L I
2. L I
3. L I
4. L I
5. L I

6. L I
7. L I
8. L I
9. L I
10. L I

B. Before listening to the dialogues in this section, study the comprehension questions below. Reviewing the questions ahead of time will help you to remember key information as you listen.

1. ¿A qué hora llama Sergio a Gloria?
2. ¿Por qué no puede llamarla a las siete?
3. ¿Quién tiene los libros de Gloria?
4. ¿Cuándo piensa visitar Ana a Olga?
5. ¿Va a invitar a Daniel?
6. ¿A qué hora sirven el desayuno en la casa de Amalia?
7. ¿Quién está sirviendo el desayuno ahora?

Listen carefully to each dialogue and then answer the questions, omitting the subject and replacing direct objects with direct object pronouns. The speaker will confirm your response. Repeat the correct response.

V. Para escuchar y escribir

Tome nota

You will hear a radio ad for a hotel in Puerto Rico. First listen carefully for general comprehension. Then, as you listen for a second time, fill in the information requested.

— HOTEL SAN JUAN —

Dirección: _____

Teléfono: _____

Lista de precios

Habitaciones exteriores   Habitaciones interiores

    Dobles: $_____   Dobles: $_____

    Sencillas: $_____   Sencillas: $_____

Servicio de restaurante

Desayuno: De _____ a _____

Almuerzo: De _____ a _____

Cena: De _____ a _____

Dictado

The speaker will read six sentences. Each sentence will be read twice. After the first reading, write what you heard. After the second reading, check your work and fill in what you missed.

1. _____

2. _____

3. _____

4. _____

5. _____

6. _____

Check Your Progress

Lección 5

A. Answer the following questions.

1. ¿Eres tan alto(a) como tu papá?

_____

2. ¿Eres más alto(a) o más bajo(a) que tu mamá?

_____

3. ¿Eres mayor o menor que tu mejor amigo(a)?

_____

4. ¿Cuál crees tú que es la ciudad más bonita de los Estados Unidos?

_____

5. ¿Cuál es el mejor hotel de la ciudad en que vives?

_____

B. Complete the following dialogues with the Spanish equivalent of the words in parentheses.

1. —¿Tú _____ ir a la cafetería con nosotros? (*can*)

    —Yo no _____ en la cafetería. (*have lunch*)

2. —¿Cuánto _____ los sándwiches? (*cost*)

    —Tres dólares.

3. —¿Cuándo _____ tú y Ángel? (*return*)

    —Yo _____ en agosto y él _____ en octubre. (*return / returns*)

    —¿Cuál es la dirección de Ángel?

    — (Yo) _____. (*don't remember*)

C. **What is everybody doing?** Complete the following, using the present progressive.

Yo _____ (leer) un libro, Jorge

_____ (dormir), Ana y Beto

_____ (estudiar) y Estela

_____ (servir) el desayuno.

¿Qué _____ (hacer) tú?

D. Complete the following dialogues, using the appropriate forms of **ser** or **estar**.

1. —¿Tú _____ cansado?

   —No, _____ enfermo.

2. —¿Tus abuelos _____ de Bogotá?

   —Sí, pero ahora _____ en Quito.

   —Tu abuelo _____ médico, ¿no?

   —Sí.

3. —¿Dónde _____ la fiesta?

   —En el club. ¿Uds. van?

   —No, nosotros _____ muy ocupados.

4. —¿Cómo _____ tu hermana?

   —_____ alta y bonita.

   —Ella _____ estudiando en la universidad, ¿no?

   —Sí.

5. —¿El reloj _____ de Carlos?

   —Sí. ¿_____ de oro?

   —No, de plata.

6. —¿Qué hora _____?

   —_____ las dos y media.

96 *Check Your Progress (Lecciones 5 y 6)*

E. Write the following dialogues in Spanish.

1. "Is she going to study with you or with me, Anita?"
   "With me."

   _____

   _____

2. "Is the letter for me?"
   "Yes, it's for you, Paquito."

   _____

   _____

Lección 6

A. Complete each of the following sentences with the present indicative of one of the verbs listed.

   conseguir   decir   pedir   seguir   servir

1. Yo nunca _____ nada cuando él sale con sus amigos.

2. Eva y yo nunca _____ dinero.

3. Tú siempre _____ entremeses en tus fiestas.

4. Los chicos _____ a su mamá.

5. Ella nunca _____ trabajo.

B. Rewrite the following sentences in the affirmative.

1. Nunca compro nada para nadie.

   _____

2. No tengo ningún amigo chileno.

   _____

3. Ellos nunca vienen.

   _____

C. Answer the following questions in the affirmative, replacing the italicized words with the appropriate direct object pronouns.

1. ¿Vas a llamar*me* mañana?

   _____

2. ¿Necesitas *las maletas*?

   _____

3. ¿Puedo tomar *el ómnibus* aquí?

   _____

4. ¿Eva *los* visita *a Uds.* los sábados?

   _____

D. Write the following dialogues in Spanish.

1. "Do you know Sergio?"
   "Yes, but I don't know his address."
   "When do you see him?"
   "I see him on Saturdays."

   _____

   _____

   _____

   _____

2. "Does your sister call you on Saturdays, Anita?"
   "Yes, and I call her on Sundays."
   "Does your mother call you (pl.)?"
   "Yes, she calls us on Tuesdays."

   _____

   _____

   _____

   _____

E. Imagine that you are traveling in Perú, and write a short dialogue between you and a hotel clerk. Say what kind of room you want, discuss prices and methods of payment, inquire about room service, and so on. Write about 80 words.

_____

_____

_____

_____

_____

_____

_____

_____

_____

Workbook Activities

A. Write the names of the items illustrated, using the Spanish equivalent of the demonstrative adjectives given.

1. this, these

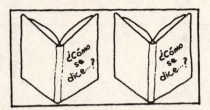

a. _____

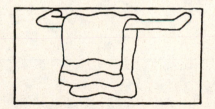

b. _____

c. _____

d. _____

2. that, those

a. _____

b. _____

c. _____

d. _____

3. that (over there), those (over there)

a. _____

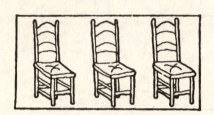

b. _____

c. _____

d. _____

B. Write what Carlos brings the following people, using indirect object pronouns. Follow the model.

      MODELO: Adela pide una toalla.
                     Carlos le trae una toalla.

1. Yo pido jabón.

   _____

2. Uds. piden una cámara fotográfica.

   _____

3. Nosotros pedimos cheques de viajero.

   _____

4. Ud. pide la llave.

   _____

5. Tú pides una grabadora.

   _____

6. Ernesto pide un bolso de mano.

   _____

7. María y Jorge piden los pasajes.

   _____

8. Estela pide el desayuno.

   _____

C. Answer the following questions, using the cues provided.

1. ¿A quién le vas a dar el dinero?   (a Raúl)

   _____

2. ¿Me vas a comprar algo a mí?   (no, nada)

   _____

3. ¿Qué te va a traer el botones?   (el equipaje)

   _____

4. ¿Qué nos vas a comprar tú?   (un reloj)

   _____

5. ¿Qué les sirve a Uds. su mamá?   (pollo y ensalada)

_____

6. ¿Cuánto dinero le vas a prestar a tu hermana?   (cien dólares)

_____

D. Complete the following chart, using the verb **gustar**.

English	Indirect object	Verb *gustar*	Person(s) or thing(s) liked
1. I like John.	**Me**	**gusta**	**Juan.**
2. I like these suitcases.	**Me**	**gustan**	**estas maletas.**
3. You (*fam.*) like the book.	Te		
4. He likes the pens.			
5. She likes her job.	Le		
6. We like this restaurant.	Nos		
7. You (*pl.*) like this city.	Les		
8. They like to work.			
9. I like to dance.			
10. You (*fam.*) like this agency.			
11. He likes to travel.			
12. We like aisle seats.			
13. They like their professors.			

E. Say what these people like better by rewriting each sentence. Substitute the expression **gustar más** for **preferir**.

MODELO: Ana prefiere viajar en avión.
   A Ana le gusta más viajar en avión.

1. Yo prefiero viajar en barco.

_____

2. Ella prefiere el asiento de ventanilla.

_____

3. Nosotros preferimos esta agencia de viajes.

_____

4. Ellos prefieren ir a México.

   _____

5. Tú prefieres estas maletas.

   _____

6. Uds. prefieren salir por la mañana.

   _____

F. Complete the following chart, using the Spanish construction for length of time.

English	Hace	Length of time	que	Subject	Verbs in the present tense
1. I have been studying for three years.	Hace	tres años	que	(yo)	estudio.
2. You have been working for two days.				(tú)	
3. You have been traveling for a month.				(Ud.)	
4. She has been reading for four hours.					
5. He has been sleeping for six hours.					
6. You have been dancing for two hours.				(Uds.)	
7. They have been writing for two hours.					

G. Say how long each action has been going on. Follow the model.

   MODELO: Son las siete. Trabajo desde (*since*) las tres.
   Hace cuatro horas que trabajo.

1. Estamos en diciembre. Vivo aquí desde febrero.

   _____

2. Son las ocho. Estoy aquí desde las ocho menos veinte.

   _____

3. Estamos en el año 2002. Estudio en esta universidad desde el año 2000.

   _____

4. Estamos en noviembre. No veo a mis padres desde julio.

   _____

5. Son las cuatro de la tarde. No como desde las diez de la mañana.

H. Complete the following chart with the corresponding preterit forms.

Infinitive	yo	tú	Ud., él, ella	nosotros	Uds., ellos, ellas
1. hablar	hablé	hablaste	habló	hablamos	hablaron
2. trabajar	trabajé			trabajamos	
3. cerrar			cerró		
4. empezar		empezaste			
5. llegar				llegamos	
6. buscar					buscaron
7. comer	comí	comiste	comió	comimos	comieron
8. beber			bebió		
9. volver	volví				
10. leer			leyó		
11. creer	creí				
12. vivir	viví	viviste	vivió	vivimos	vivieron
13. escribir		escribiste			
14. recibir				recibimos	
15. abrir			abrió		

I. Miguel has a daily routine. Change the verbs to the preterit to say what happened yesterday.

Yo salgo de mi casa a las diez y llego a la universidad a las once. Ada y yo estudiamos en la biblioteca y después comemos en la cafetería. Después de las clases trabajo en la oficina. Vuelvo a mi casa a las seis, leo un rato (*a while*) y ceno. Mis padres me llaman a las siete.

_____

_____

_____

_____

_____

_____

J. **¿Cómo se dice... ?** Write the following dialogues in Spanish.

1. "Do you like these carry-on bags, miss?"
   "Yes, but I like those over there better."

   _____

   _____

2. "Does Roberto like to travel by plane?"
   "No, he prefers to travel by train."

   _____

   _____

3. "How long have you been living in the capital, Mr. Valera?"
   "I've been living here for ten years."

   _____

   _____

4. "What time did they leave home today?"
   "They left at seven. They are going to be late."

   _____

   _____

5. "Are you going to lend them your suitcases, Rosita?"
   "No, I can't lend them my suitcases because I need them."

   _____

   _____

6. "What did she tell you, Miss Vargas?"
   "Everything that happened."

   _____

   _____

K. Crucigrama

Horizontal

2. hombre que viaja
4. Tengo que _____ unos libros a la biblioteca.
5. No hay prisa: No hay _____.
7. atraso
9. claro: por _____
11. opuesto de **pasado**
12. pasaje
15. Compré el pasaje en la agencia de _____.
17. enviar
19. Quiero un asiento en la sección de no _____.
20. opuesto de **salida**

Vertical

1. de
3. conversamos
6. ¿Quiere un asiento de _____ o de pasillo?
8. Tengo que pagar exceso de _____.
10. ¿Tienes las tarjetas de _____?
12. Necesito el _____ de mano.
13. ¿Viajaste en primera clase o en clase _____?
14. Tienes que estar allí a las seis y son las seis menos cinco. Vas a _____ tarde.
15. Quiero un billete de ida y _____.
16. Vamos al aeropuerto para tomarlo.
18. ¿Cómo se dice "*during*"?

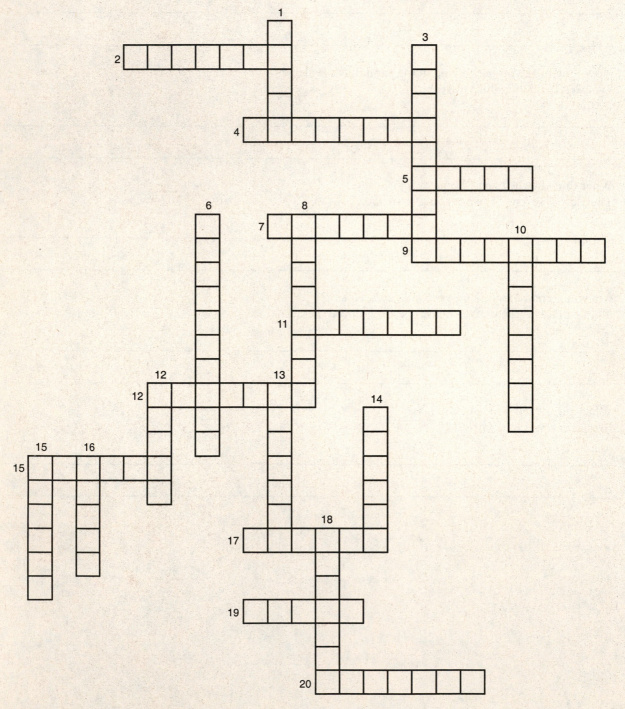

L. **¿Qué pasa aquí?** Look at the illustration and answer the following questions.

1. ¿En qué agencia de viajes están estas personas?

   _____

2. ¿Cuántos agentes de viaje trabajan en la agencia?

   _____

3. ¿Adónde quiere viajar Silvia?

   _____

4. ¿Cómo va a viajar?

   _____

5. ¿En qué fecha puede viajar?

   _____

6. ¿Cuánto cuesta el viaje a Lima (en dólares)?

   _____

7. ¿Qué días hay vuelos a Lima?

_____

8. ¿A la capital de qué país (*country*) quiere viajar Daniel?

_____

9. ¿Cómo quiere viajar Daniel?

_____

10. ¿Cuándo hay tren para Asunción?

_____

11. ¿A qué ciudad de Argentina quiere viajar Olivia?

_____

12. ¿Ella va con alguien? ¿Cómo lo sabe Ud.?

_____

13. ¿Olivia va a comprar un pasaje de ida?

_____

14. ¿Qué tipo (*type*) de asiento reserva Norberto? ¿En qué sección lo reserva?

_____

Para leer

Rubén y Marisol planean ir de vacaciones en agosto y no pueden decidir adónde ir. Rubén quiere ir a España porque sus padres viven en Sevilla y hace tres años que él no los ve. Marisol prefiere ir a Canadá y pasar dos semanas viajando por Montreal, Toronto y Quebec.

Rubén convence a Marisol y deciden viajar a España. Van a la agencia de viajes, compran dos billetes de ida y vuelta en primera clase y reservan un asiento de ventanilla y un asiento de pasillo.

Cuando vuelven a su casa, Rubén les escribe una carta a sus padres, diciéndoles que llegan a Sevilla el trece de agosto.

¡Conteste!

1. ¿En qué mes planean ir de vacaciones Marisol y Rubén?

_____

2. ¿A qué país (*country*) quiere viajar Rubén?

_____

3. ¿En qué ciudad española viven los padres de Rubén?

_____

4. ¿Cuánto tiempo hace que él no los ve?

_____

5. ¿Marisol quiere ir a España también?

_____

6. ¿Qué lugares quiere visitar Marisol?

_____

7. ¿Cuánto tiempo quiere pasar Marisol en Canadá?

_____

8. ¿Quién convence a quién?

_____

9. ¿Marisol y Rubén van a viajar en clase turista?

_____

10. ¿Qué asientos reservan?

_____

11. ¿Qué hace Rubén cuando vuelve a su casa?

_____

12. ¿En qué fecha van a llegar a Sevilla Marisol y Rubén?

_____

Laboratory Activities

I. Para escuchar y contestar

Diálogo: *Hablando de las vacaciones*

The dialogue will be read first without pauses. Pay close attention to the speakers' intonation and pronunciation.

Teresa llegó ayer de su viaje a Perú y ahora está hablando por teléfono con su amiga Silvia. Hace media hora que las chicas están charlando y Teresa le está contando de su viaje.

TERESA —Me gustó mucho la capital, pero me gustó más Machu Picchu.

SILVIA —¡Y no me mandaste una tarjeta postal!

TERESA —Te compré dos, pero no las mandé. Oye, tengo que devolverte la maleta y el bolso de mano que me prestaste.

SILVIA —No hay apuro. ¿Llevaste mucho equipaje?

TERESA —Sí, llevé tres maletas. Pagué exceso de equipaje.

SILVIA —¿Cuánto te costó el pasaje? ¿Viajaste en primera clase?

TERESA —¿Estás loca? Viajé en clase turista. ¡Y me costó tres mil quinientos pesos! Ida y vuelta, claro...

SILVIA —¿Qué tal el vuelo?

TERESA —Un poco largo... Y como el avión salió con dos horas de retraso, llegamos muy tarde.

SILVIA —¿Te pasó algo interesante en Lima?

TERESA —Bueno... en la agencia de viajes donde compré el pasaje para Machu Picchu, conocí a un muchacho muy simpático.

SILVIA —¿Viajó contigo? Tienes que contarme todo lo que pasó.

TERESA —Sí, viajé con él en avión a Cuzco, donde almorzamos juntos. Después, conversamos durante todo el viaje en tren a Machu Picchu.

SILVIA —No sé por qué tus vacaciones siempre son magníficas y mis vacaciones son tan aburridas.

TERESA —Pues la próxima vez tenemos que viajar juntas.

SILVIA —Bueno, pero sólo si vamos en tren o en barco. A mí no me gusta viajar en avión.

TERESA —Bueno, viajamos en tren. Oye, este sábado voy al cine con Cecilia. ¿Quieres ir con nosotras?

SILVIA —¿Quién es Cecilia?

TERESA —Es la chica que te presenté en la biblioteca el mes pasado.

SILVIA —Ah, ésa... ya recuerdo. Sí, vamos juntas.

TERESA —¿Quieres ir a almorzar conmigo ahora?

SILVIA —No, gracias, ya almorcé.

TERESA —Bueno, entonces nos vemos mañana.

Now the dialogue will be read with pauses for you to repeat what you hear. Imitate the speakers' intonation patterns.

Preguntas y respuestas

You will now hear questions about the dialogue. Answer each one, omitting the subject. The speaker will confirm your response. Repeat the correct response.

Situaciones

The speaker will present several situations based on the dialogue. Respond appropriately in Spanish to each situation. The speaker will confirm your response. Repeat the correct response. Follow the model.

> MODELO: You ask a friend if he likes to travel.
> **¿Te gusta viajar?**

II. Pronunciación

A. *The sound of the Spanish ll*

- Repeat each word, imitating the speaker's pronunciation.

calle	llegar	botella
llevar	llave	platillo
cuchillo	pollo	

- When you hear the number, read the corresponding sentence aloud. Then listen to the speaker and repeat the sentence.

1. Allende lleva la silla amarilla.
2. Las huellas de las llamas llegan a la calle.
3. Lleva la llave, los cigarrillos y las botellas.

B. *The sound of the Spanish ñ*

- Repeat each word, imitating the speaker's pronunciation.

español	señorita	España
señor	mañana	año
niño	otoño	

- When you hear the number, read the corresponding sentence aloud. Then listen to the speaker and repeat the sentence.

1. La señorita Muñoz le da una muñeca a la niña.
2. La señora española añade vino añejo.
3. Toño tiñe el pañuelo del niño.

III. ¡Vamos a practicar!

A. Answer each of the following questions by saying that you prefer the object that is farthest from you and the speaker, using the verb **preferir** and the equivalent of *that one over there* or *those over there*. The speaker will confirm your response. Repeat the correct response. Follow the model.

> MODELO: —¿Quieres esta lista o ésa?
> —**Prefiero aquélla.**

B. Respond to the following questions with complete sentences, using the cues provided. The speaker will confirm your response. Repeat the correct response. Follow the model.

> MODELO: —¿Qué me traes? (un libro)
> —**Te traigo un libro.**

1. (un pasaje)   3. (dinero)   5. (las cartas)
2. (la hora)   4. (las cintas)

C. Answer the following questions, using expressions with **gustar** and the cues provided. The speaker will confirm your response. Repeat the correct response. Follow the model.

> MODELO: —¿Prefieres México o Puerto Rico?   (México)
> —**Me gusta más México.**

1. (en avión)
2. (en primera clase)
3. (este)

4. (los asientos de ventanilla)
5. (en invierno)
6. (a un hotel)

7. (una habitación con vista a la calle)
8. (en otoño)

D. Answer the following questions, using the cues provided. The speaker will confirm your response. Repeat the correct response. Follow the model.

> MODELO: —¿Cuánto tiempo hace que trabajas en este hotel?   (dos meses)
> —**Hace dos meses que trabajo en este hotel.**

1. (un año)
2. (diez años)

3. (una hora)
4. (veinte minutos)

5. (dos semanas)

E. Answer the following questions, changing the verbs to the preterit. The speaker will confirm your response. Repeat the correct response. Follow the model.

> MODELO: —¿No vas a estudiar?
> —**Ya estudié.**

IV. Ejercicios de comprensión

A. You will now hear some statements. Circle **L** if it is logical (**lógico**) and **I** if it is illogical (**ilógico**). The speaker will confirm your response.

1. L I
2. L I
3. L I
4. L I

5. L I
6. L I
7. L I

8. L I
9. L I
10. L I

B. Before listening to the dialogues in this section, study the comprehension questions below. Reviewing the questions ahead of time will help you to remember key information as you listen.

1. ¿Qué le gustó más a Amelia de su viaje?
2. ¿Les mandó tarjetas a sus amigos?
3. ¿Le devolvió la maleta a su mamá?
4. ¿De quién es el bolso de mano que está en la mesa?
5. ¿Dónde está el bolso de Julián?
6. ¿Dónde compró Iván las maletas?
7. ¿Le gustan a Gabriela las maletas de Iván?
8. ¿Cuánto tiempo hace que Ana conoce a Guillermo?
9. ¿Dónde lo conoció?
10. ¿Le gustó Chile a Ana?

Listen carefully to each dialogue and then answer the questions, omitting the subject and replacing direct objects with direct object pronouns. The speaker will confirm your response. Repeat the correct response.

V. Para escuchar y escribir

Tome nota

You will hear three flight announcements at the airport in Lima. First listen carefully for general comprehension. Then, as you listen for a second time, fill in the information requested.

AEROPUERTO INTERNACIONAL DE LIMA

LLEGADAS	SALIDAS
Aerolínea: _____	Aerolínea: _____
_____	Vuelo: _____
Vuelo: _____	Con destino a: _____
Procedente de: _____	Hora: _____
_____	Puerta de salida: _____
Hora: _____	Aerolínea: _____
Puerta de salida: _____	Vuelo: _____
	Con destino a: _____
	Hora: _____
	Puerta de salida: _____

Dictado

The speaker will read six sentences. Each sentence will be read twice. After the first reading, write what you heard. After the second reading, check your work and fill in what you missed.

1. _____

2. _____

3. _____

4. _____

5. _____

6. _____

Workbook Activities

A. Complete the following chart.

English	Subject	Indirect object pronoun	Direct object pronoun	Verb
1. I give it to you.	**Yo**	**te**	**lo / la**	**doy.**
2. You give it to me.	Tú			
3. I give it to him.		se		
4. We give it to her.				damos.
5. They give it to us.				
6. I give it to you. (**Ud.**)				
7. You give it to them.	Tú			

B. We all help each other! Who's going to do what? Complete the following sentences, using the appropriate direct and indirect object pronouns.

1. Yo necesito los cuchillos. ¿Tú _____ _____ puedes traer esta tarde?

2. A Teresa le gusta esta pulsera. Yo _____ _____ voy a comprar.

3. Nosotros no tenemos las entradas. Sergio _____ _____ va a conseguir.

4. Tú no tienes el regalo para Raquel. Yo _____ _____ puedo llevar a tu casa hoy.

5. Carlos no sabe dónde está el mantel. ¿Tú _____ _____ puedes decir?

6. Si tú necesitas estas copas, ellos _____ _____ pueden prestar.

C. We are going on a trip. Who is sending, buying, or lending necessary items? Answer the following questions, using the cues provided and substituting direct object pronouns for the direct objects.

MODELO: ¿Cuándo me traes el equipaje? (esta tarde)
Te lo traigo esta tarde.

1. ¿Quién te compra los billetes? (mi hermano)

_____

2. ¿A quién le prestas las maletas?   (a Carmen)

_____

3. ¿Quién les manda a ellos las tarjetas?   (sus amigos)

_____

4. ¿Quién te va a prestar el bolso de mano?   (mi prima) (*two ways*)

_____

_____

5. ¿Quién les manda a Uds. el dinero?   (mi tío)

_____

6. ¿Tú puedes traerme las sillas?   (sí) (*two ways*)

_____

_____

D. What happened yesterday? Complete the following paragraph, using the preterit of **ser, ir,** and **dar.**

Ayer José Enrique y yo _____ a un restaurante a almorzar para celebrar su

cumpleaños. José Enrique _____ mi compañero de clase el semestre pasado.

Yo le compré un regalo y se lo _____ en el restaurante. Por la noche sus

padres le _____ una fiesta en el Club Náutico y todos sus amigos

_____. _____ una fiesta magnífica.

E. Complete the following dialogues, using the preterit of the verbs given.

1. **servir / pedir**

   —¿A qué hora _____ ellos el almuerzo?

   —A las doce.

   —¿Qué _____ Uds.?

   —Yo _____ langosta y Aurora _____ camarones.

2. **dormir**

   —¿Cómo _____ Uds.?

   —Yo _____ muy bien, pero Ana y Eva _____

   muy mal.

3. **conseguir**

—¿Dónde _____ ellos esas copas?

—En México.

4. **morir**

—¿Cuántas personas _____ en el accidente?

—No _____ nadie.

5. **repetir / mentir**

—Beto dice que el profesor no _____ las preguntas.

—Beto te _____ .

F. Read the following soccer standings, as some experts predicted them for the year 2002. Use ordinal numbers to identify how each team will finish the season.

FÚTBOL PRIMERA DIVISIÓN

Fútbol Club Barcelona
Real Madrid
Valencia
Sporting de Gijón
Sevilla
Atlético de Bilbao
Zaragoza
Oviedo
Burgos
Albacete

1. Burgos _____

2. Sporting de Gijón _____

3. Sevilla _____

4. Valencia _____

5. Atlético de Bilbao _____

6. Fútbol Club Barcelona _____

7. Oviedo _____

8. Real Madrid _____

9. Albacete _____

10. Zaragoza _____

G. Look at the pictures below and describe what is happening, using **por** or **para**.

1. _____ pasa

   _____ el banco.

2. El _____ es

   _____ María.

3. Viajamos _____

   _____.

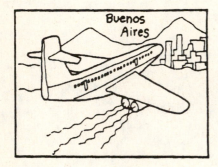  

4. Hay vuelos _____

   _____.

5. Necesito el vestido (*dress*)

   _____.

6. Pago diez _____

   _____.

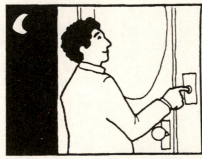

7. Vengo _____

   _____

   _____.

8. Me dio _____

   _____ comprar

   el _____.

H. Complete each sentence with either **por** or **para,** as appropriate. Indicate the reason for your choice by placing the corresponding number in the blank provided before the sentence.

Uses of **por**

1. motion, *along*
2. cause or motive of an action
3. means, manner, unit of measure
4. *in exchange for*
5. period of time during which an action takes place
6. *in search of*

Uses of **para**

7. destination
8. goal for a point in the future
9. whom or what something is for
10. *in order to*
11. objective or goal

_____ 1. Tenemos una sorpresa _____ Elena.

_____ 2. Pagamos cuatro dólares _____ la pluma.

_____ 3. Las chicas caminan _____ la plaza.

_____ 4. Mañana _____ la noche vamos al teatro.

_____ 5. El mozo fue a la cocina _____ el pavo relleno y el lechón.

_____ 6. Mañana te llamo _____ teléfono.

_____ 7. Necesitamos los cubiertos _____ el sábado.

_____ 8. Tengo que traer el mantel _____ poner la mesa.

_____ 9. Esa pulsera es _____ mi sobrina.

_____ 10. Carlos estudia _____ profesor.

_____ 11. No podemos dormir afuera (*outside*) _____ la lluvia.

I. **¿Cómo se dice... ?** Write the following dialogues in Spanish.

1. "Did Alina ask her father for money?"
   "Yes, and he gave it to her."

   _____

   _____

2. "Where did you go last night, Mr. Varela?"
   "I went to the theatre with my wife."

   _____

   _____

3. "Did you give a party for Octavio and Elena?"
   "Yes, yesterday was their wedding anniversary."

   _____

   _____

4. "What do you recommend (to me), Miss Vargas?"
   "I recommend (to you) the house specialty: steak and lobster."

   _____

   _____

5. "How much did he pay for the dinner?"
   "A hundred dollars, but it was a great dinner."

   _____

   _____

J. Crucigrama

Horizontal

2. Uso el _____ para comer.
4. muy bien
7. Necesito una _____ para el café.
9. Les recomiendo la _____ de la casa.
11. "*ice cream*", en español
12. mozo (*f.*)
14. salmón, trucha, etc.
15. Quiero papas _____.
16. dinero que dejamos para el mozo
17. rico
20. ¿Quiere una _____ mexicana o a la española?
21. Hoy es mi _____ de bodas.
23. Ella es de Cuba. Es _____.
25. Llueve mucho. Llueve a _____.
28. cuchillo, cuchara y tenedor
30. entrada
31. Vamos al teatro para ver una _____.

Vertical

1. Quiero arroz con _____.
2. Quiero una _____ de café.
3. Comemos pavo _____.
5. Ella paga la _____ en el restaurante.
6. tipo de marisco
8. ¿Quiere vino blanco o _____?
10. "*lamb*", en español
13. Pedimos media _____ de vino.
14. Necesito sal y _____.
16. De _____ quiero flan.
17. Necesitamos el mantel y las _____.
18. El mozo _____ el pedido.
19. Después de comer siempre bebo _____.
22. Necesito una _____ para tomar la sopa.
24. Me gusta mucho. Me _____.
26. Ellos piden lechón _____.
27. Ellos van a pedir _____ helada.
29. Ella me abrazó y me dio un _____.

8. ¿Qué les recomienda el mozo?

_____

9. ¿Qué pide Marcelo para tomar?

_____

10. ¿Qué va a pedir Delia?

_____

11. ¿Con quiénes cena Carlos?

_____

12. ¿Qué va a pedir Carlos de postre?

_____

13. ¿Qué va a pedir Ana?

_____

14. Mientras Ana y Carlos comen el postre, ¿qué va a hacer Beto?

_____

Laboratory Activities

I. Para escuchar y contestar

Diálogo: *En un restaurante cubano*

The dialogue will be read first without pauses. Pay close attention to the speakers' intonation and pronunciation.

Hoy es el primero de diciembre. Es el aniversario de bodas de Lidia y Jorge Torres y para celebrarlo van a cenar a uno de los mejores restaurantes de Miami. Ahora llegan al restaurante El Caribe.

LIDIA —¡Qué sorpresa! ¡Éste es un restaurante muy elegante!

JORGE —Y la comida es excelente.

MOZO —Por aquí, por favor. Aquí está el menú.

LIDIA —Gracias. (*Lee el menú.*)

PARA LA CENA

(Todos los platos de la lista se sirven con la sopa del día y ensalada.)

Pescados y mariscos

Langosta	$18.00	Trucha	$11.50
Salmón	$14.50	Camarones	$11.00

Carne

Albóndigas	$ 6.00	Pavo relleno	$10.00
Bistec	$12.00	Pollo frito	$ 8.50
Cordero	$13.00	Arroz con pollo	$ 6.00
Lechón asado	$17.00		

JORGE —¿Por qué no pides un filete? Aquí preparan unos filetes muy ricos. ¿O langosta?

LIDIA —No, anoche fui a la cena de los Ruiz y sirvieron langosta.

MOZO —Les recomiendo la especialidad de la casa: lechón asado y arroz con frijoles negros. De postre, helado, flan o torta helada.

JORGE —Yo quiero lechón asado y arroz con frijoles negros. ¿Y tú?

LIDIA —Yo quiero sopa, camarones y arroz.

JORGE —Para tomar tráiganos un vermut y después media botella de vino tinto.

MOZO —Muy bien, señor. (*Anota el pedido.*)

Antes de cenar, Lidia y Jorge toman vermut y conversan.

LIDIA —¿Tus padres fueron a la fiesta que dio Eva ayer?

JORGE —Sí, fue en el club Los Violines.

LIDIA —¿Le dieron el regalo que compraron para ella en México?

JORGE —¿La pulsera? Sí, se la dieron. Le encantó.

LIDIA —¿Te la enseñaron antes de dársela?

JORGE —Sí, me la enseñaron cuando fui por ellos anteayer por la tarde.

LIDIA —La consiguieron a muy buen precio en una tienda muy elegante.

Después de comer, Lidia y Jorge beben café. Jorge pide la cuenta, la paga, le deja una buena propina al mozo y salen. Tienen entradas para ir a ver una comedia, y como llueve a cántaros y el teatro queda lejos, toman un taxi.

> JORGE —Feliz aniversario, mi amor. (*Le da un beso.*)
> LIDIA —(*Lo abraza.*) Feliz aniversario, querido.

Now the dialogue will be read with pauses for you to repeat what you hear. Imitate the speakers' intonation patterns.

Preguntas y respuestas

You will now hear questions about the dialogue. Answer each one, omitting the subject. The speaker will confirm your response. Repeat the correct response.

Situaciones

The speaker will present several situations based on the dialogue. Respond appropriately in Spanish to each situation. The speaker will confirm your response. Repeat the correct response. Follow the model.

> MODELO: At a restaurant, you tell your friend that the specialty of the house is roast pig and rice with black beans.
> **La especialidad de la casa es lechón asado y arroz con frijoles negros.**

II. Pronunciación

A. *The sound of the Spanish l*

- Repeat each word, imitating the speaker's pronunciation.

langosta	Silvia	sólo
loco	helado	filete
capital	él	plato

- When you hear the number, read the corresponding sentence aloud. Then listen to the speaker and repeat the sentence.

  1. Aníbal habla español con Isabel.
  2. El coronel Maldonado asaltó con mil soldados.
  3. El libro de Ángel está en el laboratorio.

B. *The sound of the Spanish r*

- Repeat each word, imitating the speaker's pronunciation.

teatro	ahora	tarde
dejar	Teresa	cordero
frijoles	primero	postre

- When you hear the number, read the corresponding sentence aloud. Then listen to the speaker and repeat the sentence.

  1. Es preferible esperar hasta enero.
  2. Carolina quiere estudiar con Darío ahora.
  3. Aurora y Mirta son extranjeras.

C. *The sound of the Spanish* **rr**

- Repeat each word, imitating the speaker's pronunciation.

regalo	Rosa	Reyes
rico	arroz	Roberto
recomendar	Raúl	relleno

- When you hear the number, read the corresponding sentence aloud. Then listen to the speaker and repeat the sentence.

1. El perro corrió en el barro.
2. Los carros del ferrocarril parecen cigarros.
3. Roberto y Rita recorren los terribles cerros.

D. *The sound of the Spanish* **z**

- Repeat each word, imitating the speaker's pronunciation.

pizarra	vez	Pérez
Zulema	zoológico	taza
lápiz	mozo	azul

- When you hear the number, read the corresponding sentence aloud. Then listen to the speaker and repeat the sentence.

1. Zulema y el Zorro me dieron una paliza.
2. ¡Zas! El zonzo Pérez fue al zoológico.
3. La tiza y la taza están en el zapato.

III. ¡Vamos a practicar!

A. Rephrase each sentence you hear by replacing the direct object with the corresponding direct object pronoun. Be sure to make any other necessary changes. The speaker will confirm your response. Repeat the correct response. Follow the model.

> MODELO: Le traen la sopa.
> **Se la traen.**

B. Answer each question you hear, using direct and indirect object pronouns and the cue provided. The speaker will confirm your response. Repeat the correct response. Follow the model.

> MODELO: —¿Quién te manda el periódico?   (mi hijo)
> **—Me lo manda mi hijo.**

1. (mi abuela)	3. (a mi prima)	5. (a ti)
2. (el profesor)	4. (a mí)	6. (a los muchachos)

C. Rephrase each sentence you hear, changing the verb to the preterit. The speaker will confirm your response. Repeat the correct response. Follow the model.

> MODELO: Yo voy al teatro.
> **Yo fui al teatro.**

D. Answer each question your hear in the negative, and then state that your friend did the things you are being asked about. The speaker will confirm your response. Repeat the correct response. Follow the model.

> MODELO: —Tú lo pediste, ¿no?
> —No, yo no lo pedí. Lo pidió ella.

1. Tú lo conseguiste, ¿no?
2. Tú la serviste, ¿no?

3. Tú lo repetiste, ¿no?
4. Tú me seguiste, ¿no?

Now listen to the new model.

> MODELO: —Uds. pidieron el café, ¿no?
> —No, nosotros no lo pedimos. Lo pidieron ellos.

5. Uds. sirvieron la cena, ¿no?
6. Uds. repitieron la lección, ¿no?

7. Uds. siguieron al camarero, ¿no?
8. Uds. consiguieron los periódicos, ¿no?

E. Answer each question you hear, using the cue provided. Pay special attention to the use of **por** or **para** in each question. The speaker will confirm your response. Repeat the correct response. Follow the model.

> MODELO: —¿Para quién es el dinero?   (Rita)
> —El dinero es para Rita.

1. (el lunes)
2. (avión)
3. (quince días)

4. (quinientos dólares)
5. (sí)
6. (dinero)

7. (mañana por la mañana)
8. (una pulsera)

F. You will hear nine cardinal numbers. After each one, give the corresponding ordinal number. The speaker will confirm your response. Repeat the correct response. Follow the model.

> MODELO: cinco
> **quinto**

IV. Ejercicios de comprensión

A. You will now hear some statements. Circle L if it is logical (**lógico**) and I if it is illogical (**ilógico**). The speaker will confirm your response.

1. L I
2. L I
3. L I
4. L I

5. L I
6. L I
7. L I

8. L I
9. L I
10. L I

B. Before listening to the dialogues in this section, study the comprehension questions below. Reviewing the questions ahead of time will help you to remember key information as you listen.

1. ¿Qué le pregunta Alicia a Juan?
2. ¿Qué va a hacer Juan?
3. ¿Qué celebran Juan y su esposa?
4. ¿Adónde van después de cenar?
5. ¿Qué le pide el señor al mozo?
6. ¿Qué le recomienda el mozo al señor?

7. ¿Cuál es la especialidad de la casa?
8. ¿Qué prefiere comer el señor?

Listen carefully to each dialogue and then answer the questions, omitting the subject. The speaker will confirm your response. Repeat the correct response.

V. Para escuchar y escribir

Tome nota

You will hear a couple ordering food in a restaurant. First listen carefully for general comprehension. Then, as you listen for a second time, fill in the information requested.

	Señora	Señor
Comida	_____	_____
	_____	_____
	_____	_____
Bebida	_____	_____
	_____	_____
Postre	_____	_____
	_____	_____

Dictado

The speaker will read six sentences. Each sentence will be read twice. After the first reading, write what you heard. After the second reading, check your work and fill in what you missed.

1. _____
2. _____
3. _____
4. _____
5. _____
6. _____

Check Your Progress

Lección 7

A. Complete the following dialogues with the Spanish equivalent of the words in parentheses.

1. —¿Qué necesitas?

   —_____ bolso de mano y _____ mapa.   (*This / that*)

2. —¿Qué vas a comprar?

   —_____ toallas y _____ jabones.   (*These / those*)

3. —¿A quiénes vas a invitar?

   —A _____ chico y a _____ chicas.   (*that over there / those over there*)

B. Rewrite the following sentences, substituting indirect object pronouns for the italicized words.

1. Traigo los pasajes *para ellos*.

   _____

2. Envían el dinero *para ti*.

   _____

3. Van a comprar la maleta *para mí*.

   _____

4. Escriben la carta *para él*.

   _____

5. Traen el café *para Uds*.

   _____

C. Answer the following questions, using complete sentences.

1. ¿Cuánto tiempo hace que tú no viajas?

   _____

2. ¿Te gusta más viajar en avión, en barco o en tren?

_____

3. ¿Adónde les gusta ir de vacaciones a tus padres?

_____

4. ¿Tú le escribes a tu mejor amigo o lo llamas por teléfono?

_____

5. ¿Le enviaste una tarjeta postal a alguien?

_____

6. ¿Recibiste muchas tarjetas de Navidad?

_____

D. Rewrite the following sentences in the preterit.

1. Yo *vuelvo* a las dos, Teresa *vuelve* a las tres y ellos *vuelven* a las siete.

_____

2. Alicia *regresa* a las siete y *habla* con la profesora.

_____

3. Tú *cierras* la puerta y *abres* las ventanas.

_____

4. Yo *llego, almuerzo* y *empiezo* a trabajar.

_____

5. Yo *estudio* y ella *lee* el periódico.

_____

Lección 8

A. Answer the following questions in the affirmative, substituting direct object pronouns for the italicized words.

1. ¿Me vas a traer los *camarones*?

_____

2. ¿Ellos te dan el *menú*?

_____

134   *Check Your Progress (Lecciones 7 y 8)*

3. ¿Tú le pides la *cuenta*?

_____

4. ¿Ellos les dan las *servilletas*?

_____

B. Rewrite the following sentences in the preterit.

1. Yo voy a su casa y le doy la pulsera.

_____

2. Yo pido helado y ella pide torta.

_____

3. La fiesta es en el club y sirven champán.

_____

4. Ella no duerme bien.

_____

C. Complete the following sentences, using **por** or **para**.

1. Necesito el dinero _____ mañana _____ la tarde _____ comprar el

   pasaje _____ Jorge.

2. Pagamos diez dólares _____ el libro.

3. Paso _____ ti a las nueve porque tenemos que estar allí _____ dos horas.

4. Mañana salgo _____ México; voy _____ avión.

5. Ana estudia _____ profesora.

D. Write the following dialogues in Spanish.

1. "Are they on the first floor?"
   "Yes, and Sergio is on the third floor."

_____

_____

2. "It's raining cats and dogs. Can you bring me the umbrella (**paraguas**)?"
   "Yes, I can bring it to you, Ma'am."

   _____

   _____

E.   Write a brief "review" of your favorite restaurant. Give its name and location, and describe
     the specialty of the house and the dishes, including desserts, that you like the most. Be sure
     to mention whether the restaurant accepts credit cards.

   _____

   _____

   _____

   _____

   _____

   _____

   _____

   _____

Workbook Activities

A. This is my daily routine. Rewrite it twice, changing the subject **yo** first to **tú** and then to **él**.

Yo me despierto a las seis de la mañana y me levanto a las seis y cuarto. Me baño, me lavo la cabeza, me afeito y me visto. A las siete y media me voy a trabajar. Trabajo hasta las cinco y luego vuelvo a casa. No me preocupo si llego tarde. Leo un rato y luego como con mi familia. Siempre me acuesto a las diez pero no me duermo hasta las once porque miro las noticias (*news*).

Tú _____

_____

_____

_____

_____

_____

_____

Él _____

_____

_____

_____

_____

_____

_____

B. Review of personal pronouns. Complete the following dialogues, using the appropriate personal pronouns.

1. —Alicia, ¿_____ quieres ir a la peluquería hoy?

   —No, _____ estoy muy ocupada hoy. Teresa puede ir con _____.

   —_____ voy a llamar por teléfono y _____ voy a preguntar si puede ir

   con _____.

2. —¿A qué hora _____ levantaron Uds. hoy?

   —_____ levantamos a las seis. ¿Y tú?

   —_____ _____ levanté a las ocho.

   —¿_____ escribiste a tus padres hoy?

   —No, pero _____ llamé por teléfono.

3. —¿Para quién es el regalo? ¿Es para mí?

   —Sí, es para _____. ¿_____ gusta?

   —Sí, _____ gusta mucho. Gracias. Oye, ¿a quién _____ vas a dar el reloj?

   —_____ _____ voy a dar a mi hermano.

   —_____ va a gustar mucho.

4. —¿A Ud. _____ gusta esta alfombra, señora?

   —Sí, pero no _____ voy a comprar, porque es muy cara. Yo _____ tengo

   que mandar dinero a mi hijo.

   —¿Dondé está _____?

   —En Jalisco.

5. —Quién _____ va a llevar a Uds. a la fiesta?

   —_____ va a llevar Carmen. Oye, ¿_____ llamó Hugo hoy? Quiere hablar contigo.

   —Sí, _____ llamó esta mañana. _____ voy a ver esta noche.

C. Complete the following sentences with the Spanish equivalent of the words in parentheses.

1. La peluquera me va a cortar _____. (*my hair*)

2. _____ es más importante que _____. (*Liberty /money*)

138 *Lección 9, Workbook Activities*

3. Ella dice que _____ son más inteligentes que _____
   (*women / men*)

4. Ellas se van a poner _____. (*their white dresses*)

5. Tienes que lavarte _____. (*your hair*)

6. No me gusta _____; prefiero _____. (*wine / soft drinks*)

D. To whom do these objects belong? Complete the following sentences with possessive pronouns. Remember that each pronoun must agree with the subject.

    MODELO: *Ella* dice que los libros son...
                  Ella dice que los libros son *suyos*.

1. Elvira dice que la aspiradora es _____.

2. María dice que ese rizador es _____.

3. Yo digo que esos bolsos son _____.

4. Mis tíos dicen que las máquinas de afeitar son _____.

5. Tú dices que el cepillo es _____.

6. Nosotros decimos que la crema de afeitar es _____.

7. Uds. dicen que las escobas son _____.

8. Mi sobrina dice que el espejo es _____.

9. Yo digo que la revista es _____.

10. Nosotros decimos que las carteras son _____.

E. Complete the following sentences with the Spanish equivalent of the words in parentheses.

1. Mi pasaje está aquí. ¿Dónde está _____, Anita? (*yours*)

2. Las maletas de Jorge son azules. _____ son verdes. (*Mine*)

3. La casa de Olga queda lejos, pero _____ queda muy cerca. (*his*)

4. Los hermanos de Graciela viven en California. _____ viven en Colorado. (*Mine*)

5. La profesora de ellos es de Chile. _____ es de Cuba. (*Ours*)

6. Éste es mi asiento. ¿Cuál es _____, Sr. Mendoza? (*yours*)

F. Indicate what everybody did last week by using the preterit of the verbs in parentheses.

1. —¿Uds. _____ (traer) la alfombra?

   —Sí, la _____ (traer) y la _____ (poner) en

   tu cuarto.

2. —¿Qué _____ (hacer) tú el sábado pasado?

   —(Yo) _____ (estar) en la casa de Luis toda la tarde.

3. —¿Tú _____ (poder) ir a la peluquería?

   —No, porque no _____ (tener) tiempo.

4. —¿Roberto _____ (venir) a verte?

   —Sí, y yo no _____ (saber) qué decirle.

5. —¿Sergio _____ (pedir) turno en la peluquería?

   —No, no _____ (querer) pedirlo.

6. —¿Qué _____ (decir) Uds. cuando llegó tu hermano?

   —No _____ (decir) nada.

7. —¿Qué coche _____ (conducir) tú?

   —Yo _____ (conducir) el coche de Tito.

8. —¿Uds. _____ (traducir) las cartas al español?

   —No, (nosotros) las _____ (traducir) al francés.

G. Form adverbs from the adjectives below, and then use them to complete the following sentences.

   general   lento y claro   especial   raro   frecuente   desgraciado

1. Ella no habla bien el español. Tienes que hablar _____ y _____.

2. Compré el coche _____ para mi hijo.

3. _____ nos levantamos a las seis.

4. _____ no vamos a poder viajar con Uds.

5. Nosotros visitamos a nuestros padres _____.

6. No veo mucho a mis amigos porque ellos _____ vienen a mi casa.

H. **¿Cómo se dice...?** Write the following dialogues in Spanish.

1. "What time did you get up today, Miss Paz?"
   "I got up at seven, bathed, got dressed, and went to the beauty parlor."

   _____

   _____

   _____

2. "I left my purse on the counter. Where did you leave yours, Ester?"
   "I left mine in my car."

   _____

   _____

   _____

3. "What did you do, Sandra?"
   "First, I washed my hair and then I had to iron my red dress."

   _____

   _____

4. "Did you wash your hands, Tito?"
   "Yes, I washed them."

   _____

   _____

5. "I have to wake up at five o'clock tomorrow."
   "Then you have to go to bed early." (**tú** *form*)
   "Yes, but first I'm going to put my daughter to bed."

   _____

   _____

   _____

I. Crucigrama

Horizontal

2. *Newsweek*, por ejemplo
3. opuesto de **acostarse**
5. dar un regalo
8. salón de belleza
10. bolso
11. personas
13. Pongo la medicina en el _____.
16. siete días
18. Yo no tengo _____ de afeitar.
19. lugar donde compramos medicinas
20. opuesto de **limpiar**
21. Lo uso para peinarme.
22. No quiero rizos. Me gusta el pelo _____.

Vertical

1. recordar
2. palita
4. La necesito para barrer.
6. bañarse en la ducha
7. cuarto donde cocinamos
9. Le pasé la _____ a la alfombra.
12. turno
14. Mi primo se _____ Luis.
15. opuesto de **empezar**
17. Lo uso para lavarme la cabeza.
20. Me miro en el _____ para peinarme.

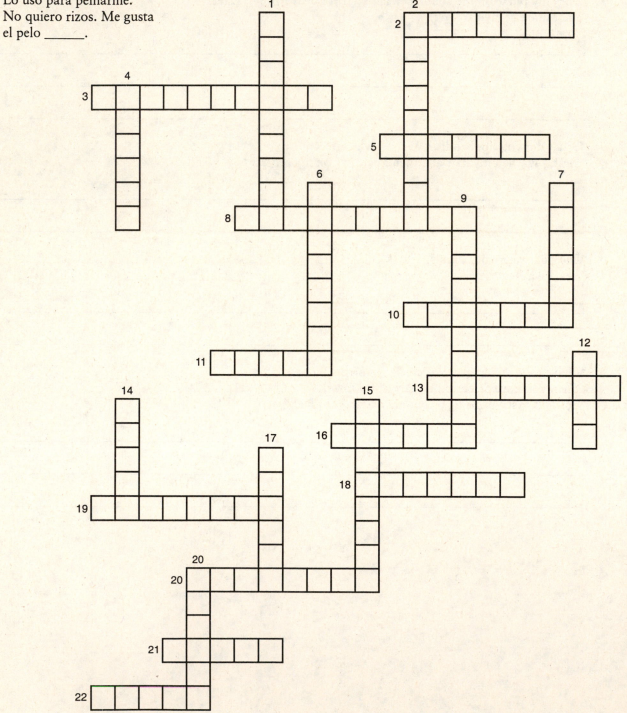

J. **¿Qué pasa aquí?** Look at the illustrations and answer the following questions.

1. ¿Nora se levantó tarde o temprano?

_____

2. ¿A Nora le gusta levantarse temprano?

_____

3. ¿Nora se bañó o se duchó?

_____

4. ¿Con qué champú se lavó la cabeza?

_____

5. ¿A qué tienda fue Nora?

_____

6. ¿Qué le compró Nora a su tía?

_____

7. ¿A qué hora volvió Nora a su casa?

_____

8. ¿Qué compró Nora además del regalo?

_____

9. ¿Para qué llamó Nora a la peluquería?

_____

10. ¿Con quién almorzó Nora?

_____

11. ¿A Nora le gustan los rizos?

_____

12. ¿A qué hora fue Nora a la peluquería?

_____

13. ¿Nora barrió la alfombra?

_____

14. ¿Cómo se llama el perro de Nora?

_____

15. ¿Para qué fue Nora a la casa de su tía Rosa?

_____

16. ¿A qué hora se acostó Nora?

_____

Para leer

Todos los días...

Yo siempre me levanto temprano porque tengo que estar en la universidad a las ocho
de la mañana. Me despierto a las seis y media, y después de bañarme, afeitarme y
vestirme, desayuno. Me siento en la cocina y estudio, y salgo para la universidad a
las siete y media. No llego tarde porque mi profesor de matemáticas es muy estricto.

Tengo clases todas las mañanas y por la tarde voy a la biblioteca a estudiar. A
veces° me duermo leyendo algunos de mis libros.

Vuelvo a casa a las cinco. Me desvisto, me quito los zapatos y duermo un rato.°
Cocino algo para la cena, estudio o hago mi tarea y luego miro las noticias.° Me acuesto
a las once y media.

Los fines de semana, mis amigos y yo generalmente vamos a un club porque nos
gusta mucho bailar.

At times
a while
news

¡Conteste!

1. ¿Por qué me levanto siempre temprano?   (**tú** *form*)

   _____

2. ¿A qué hora me despierto?

   _____

3. ¿Qué hago después de bañarme, afeitarme y vestirme?

   _____

4. ¿Qué hago en la cocina?

   _____

5. ¿A qué hora salgo para la universidad?

   _____

6. ¿Por qué no llego tarde?

   _____

7. ¿Cuándo tengo clase?

   _____

8. ¿Qué hago por la tarde?

   _____

9. ¿Qué pasa a veces en la biblioteca?

   _____

10. ¿A qué hora vuelvo a casa?

    _____

11. ¿Qué hago cuando vuelvo a casa?

    _____

12. ¿Qué hago después de dormir un rato?

    _____

13. ¿A qué hora me acuesto?

_____

14. ¿Adónde voy generalmente los fines de semana? ¿Por qué?

_____

Laboratory Activities

Lección 9

I. Para escuchar y contestar

Diálogo: *Un día muy ocupado*

The dialogue will be read first without pauses. Pay close attention to the speakers' intonation and pronunciation.

Aunque hoy es sábado, Mirta e Isabel se levantaron temprano para terminar de limpiar el apartamento. Esta noche, las dos chicas están invitadas a un concierto en la Casa de Cultura Paraguaya. Isabel está un poco cansada porque anoche se acostó tarde.

MIRTA —¿Por qué viniste tan tarde anoche? ¿Dónde estuviste?

ISABEL —En la tienda. Tuve que comprar un regalo para Eva porque mañana es su cumpleaños. Bueno, ¿empezamos a limpiar?

MIRTA —Sí, yo voy a barrer la cocina y le voy a pasar la aspiradora a la alfombra.

ISABEL —Entonces yo voy a limpiar el baño. Después voy a cocinar, y a planchar mi vestido rojo. Me lo voy a poner esta noche.

MIRTA —Yo no sé qué ponerme.

ISABEL —¿Por qué no te pones el vestido azul? Es muy bonito.

MIRTA —No, me lo probé ayer y no me queda bien. ¡Ah! ¿Dónde está la palita?

ISABEL —En la terraza. ¡Ay! Necesito bañar al perro, ducharme y vestirme... ¡Y tengo turno en la peluquería a las tres!

MIRTA —Yo quiero lavarme la cabeza y no me acordé de comprar champú. ¿Puedo usar el tuyo?

ISABEL —Sí, está en el botiquín.

MIRTA —Gracias. Yo no pude ir a la farmacia ayer.

Cuando llegó a la peluquería, Isabel le pidió una revista al peluquero y se sentó a esperar su turno.

ISABEL —Quiero corte, lavado y peinado.

PELUQUERO —Tiene el pelo muy lacio. ¿No quiere una permanente?

ISABEL —No, cuando quiero rizos, uso el rizador. ¡Ay, tengo el pelo muy largo!

PELUQUERO —Últimamente está de moda el pelo corto.

El peluquero le corta el pelo. Cuando termina, Isabel se mira en el espejo.

ISABEL —¡Muy bien! Ahora quiero pedir turno para mi amiga para la semana próxima.

PELUQUERO —¿El miércoles, primero de febrero, a las nueve y media? Generalmente hay menos gente por la mañana.

ISABEL —Está bien. Mi amiga se llama Mirta Ortega.

Isabel deja la cartera en el mostrador. El peluquero la llama.

PELUQUERO —¡Señorita! ¿Esta cartera es suya?

ISABEL —Sí, es mía. Gracias.

Now the dialogues will be read with pauses for you to repeat what you hear. Imitate the speakers' intonation patterns.

Preguntas y respuestas

You will now hear questions about the dialogue. Answer each one, omitting the subject. The speaker will confirm your response. Repeat the correct response.

Situaciones

The speaker will present several situations based on the dialogue. Respond appropriately in Spanish to each situation. The speaker will confirm your response. Repeat the correct response. Follow the model.

> MODELO: You tell your roommate that you cleaned the kitchen.
> **Limpié la cocina.**

II. Pronunciación

A. Declarative statements

- Repeat each sentence, imitating the speaker's intonation.

  1. Yo compré el regalo para Elena.

  2. Mario tiene listo el equipaje.

  3. Yo tengo turno en la barbería.

  4. Necesitamos el dinero para el pasaje.

  5. Yo pienso aprender japonés este verano.

B. Information questions

- Repeat each sentence, imitating the speaker's intonation.

  1. ¿Cómo está tu hermano?

  2. ¿Por qué no fuiste con nosotros?

  3. ¿Cuánto tiempo hace que no comes?

  4. ¿Dónde pasaron el verano?

  5. ¿Cuántos años hace que estudias?

C. Yes/no questions

- Repeat each sentence, imitating the speaker's intonation.

  1. ¿Fuiste al mercado ayer?

  2. ¿Tienes listo el equipaje?

  3. ¿Le diste el regalo a Elena?

4. ¿Tienes turno para la peluquería?

5. ¿Necesitas dinero para el pasaje?

D. Exclamations

- Repeat each sentence, imitating the speaker's intonation.

    1. ¡Qué bonita es esa alfombra!

    2. ¡No compré el regalo para Elena!

    3. ¡Qué bueno es este champú!

    4. ¡Cuánto te quiero!

III. ¡Vamos a practicar!

A. Answer the following questions, using the cues provided. The speaker will confirm your response. Repeat the correct response. Follow the model.

> MODELO: —¿A qué hora te levantas tú generalmente?   (a las seis)
> —**Generalmente me levanto a las seis.**

1. (a las ocho)
2. (a las once)
3. (por la mañana)
4. (sí)
5. (ducharme)
6. (con el champú Pantene)
7. (no)

B. Answer each question you hear in the affirmative, paying special attention to the use of the definite article. The speaker will confirm your response. Repeat the correct response. Follow the model.

> MODELO: —¿Te vas a lavar la cabeza?
> —**Sí, me voy a lavar la cabeza.**

C. Answer each question you hear in the negative, using the appropriate possessive pronoun. The speaker will confirm your response. Repeat the correct response. Follow the model.

> MODELO: —¿Este libro es tuyo?
> —**No, no es mío.**

D. Answer the following questions, using the cues provided. Substitute direct object pronouns for the direct objects when possible. The speaker will confirm your response. Repeat the correct response. Follow the model.

> MODELO: —¿Quién tradujo la lección?   (ellos)
> —**Ellos la tradujeron.**

1. (yo)
2. (en el botiquín)
3. (conmigo)
4. (nosotros)
5. (no)
6. (en la peluquería)
7. (sí)
8. (Estela)
9. (nada)
10. (en la barbería)

IV. Ejercicios de comprensión

A. You will now hear some statements. Circle L if the statement is logical (**lógico**) and I if it is illogical (**ilógico**). The speaker will confirm your response.

1. L I
2. L I
3. L I
4. L I

5. L I
6. L I
7. L I

8. L I
9. L I
10. L I

B. Before listening to the dialogues in this section, study the comprehension questions below. Reviewing the questions ahead of time will help you to remember key information as you listen.

1. ¿A qué hora se levantó Celia hoy?
2. ¿Por qué se levantó tan tarde?
3. ¿Le pasó la aspiradora a la alfombra?
4. ¿Qué barrió?
5. ¿Por qué no se lavó la cabeza Susana?
6. ¿Dónde está el champú que compró Elsa?
7. ¿Cuándo va a ir Susana a la peluquería?
8. ¿A qué hora tiene turno?
9. ¿Cuándo es el cumpleaños de Oscar?
10. ¿Lucía le trajo el regalo?
11. ¿Lucía pudo comprar el regalo?
12. ¿Qué tuvo que hacer Lucía ayer?

Listen carefully to each dialogue and then answer the questions, omitting the subject and replacing direct and indirect objects with the appropriate pronouns. The speaker will confirm your response. Repeat the correct response.

V. Para escuchar y escribir

Tome nota

You will hear a dialogue in which Delia and her husband, Mario, discuss household chores. First listen carefully for general comprehension. Then, as you listen for a second time, list the chores that each one is going to do.

Delia	Mario
1. _____	1. _____
2. _____	2. _____
3. _____	3. _____
4. _____	4. _____
5. _____	5. _____

Dictado

The speaker will read six sentences. Each sentence will be read twice. After the first reading, write what you heard. After the second reading, check your work and fill in what you missed.

1. _____

2. _____

3. _____

4. _____

5. _____

6. _____

Repaso

The speaker will ask you some questions. Answer each one, using the cue provided. The speaker will confirm your response. Repeat the correct response.

1. (de los Estados Unidos)
2. (en la calle Magnolia)
3. (no, lejos)
4. (cuatro meses)
5. (el español)
6. (no)
7. (en la universidad)
8. (sí)
9. (por la noche)
10. (dos)
11. (no)
12. (no)
13. (inglés y español)
14. (no)
15. (sí, un hermano y una hermana)
16. (mayor)
17. (el 20 de junio)
18. (a las seis)
19. (por la mañana)
20. (a las siete y cuarto)

21. (a las ocho)
22. (en la cafetería)
23. (a las seis)
24. (sí)
25. (a un restaurante)
26. (bistec, sopa y ensalada)
27. (vino y café)
28. (no)
29. (diez dólares)
30. (a las doce)
31. (nada)
32. (sí)
33. (a España)
34. (en clase turista)
35. (con mi familia)
36. (tres)
37. (sí)
38. (a México)
39. (sí, mucho)
40. (en avión)

Workbook Activities

A. Using the information given, write sentences telling how long ago the following things happened.

MODELO: Estamos en marzo. Yo vine a esta ciudad en septiembre.
Hace seis meses que yo vine a esta ciudad.

1. Son las cinco. Ellos llegaron a la una.

   _____

2. Estamos en el año 2002. Jorge empezó a trabajar en el año 1996.

   _____

3. Hoy es sábado. Mis hijos vinieron el martes.

   _____

4. Es la una. Teresa me llamó a la una menos cuarto.

   _____

5. Estamos en octubre. Nosotros volvimos de Lima en septiembre.

   _____

B. Complete the following chart with the corresponding forms of the imperfect.

Infinitive	yo	tú	Ud., él, ella	nosotros	Uds., ellos, ellas
1. prestar					
2.	terminaba				
3.		devolvías			
4.			nadaba		
5.				leíamos	
6.					salían

C. What did these people do as children? Complete the following sentences according to each new subject.

Cuando yo era niño, iba a la playa y veía a mis amigos.

1. Cuando tú _____ niño, _____ a la montaña y _____ a tus abuelos.

2. Cuando Luis _____ niño, _____ al campo y _____ a sus tíos.

3. Cuando él y yo _____ niños, _____ al zoológico y _____ los elefantes.

4. Cuando ellos _____ niños, _____ a acampar y _____ el lago.

D. Sandra is describing her childhood. Use the imperfect of the verbs in parentheses to complete her story.

Cuando mi hermano y yo _____ (ser) niños, _____

(vivir) cerca de la playa y todos los fines de semana _____ (ir) a nadar. Nos

_____ (gustar) mucho pescar y montar a caballo. Siempre

_____ (divertirse) mucho; nunca _____ (aburrirse).

Nuestros abuelos _____ (vivir) lejos y nosotros no los

_____ (ver) a menudo (*often*), pero los _____

(visitar) todos los veranos. Siempre _____ (comer) mucho porque mi abuela

_____ (cocinar) muy bien. Nuestro padre _____

(viajar) mucho y siempre nos _____ (traer) regalos cuando

_____ (volver) de sus viajes.

E. Complete each sentence with the preterit or the imperfect of the verbs in parentheses.

1. Yo _____ (ir) a la piscina anoche. (*reporting an act viewed as completed*)

2. Yo _____ (ir) a la piscina cuando (ver) _____ a José. (**ir:** *describing an action in progress in the past;* **ver:** *reporting an action viewed as completed*)

3. Ayer ella (estar) _____ muy enferma todo el día. (*summing up a condition viewed as a whole*)

4. Ella (estar) _____ muy cansada. (*describing a condition in the past*)

5. Yo (ir) _____ a la cabaña el sábado pasado. (*reporting an act viewed as completed*)

6. Yo (ir) _____ a la cabaña todos los sábados. (*indicating a habitual action*)

7. Susana (decir) _____ que (necesitar) _____ un traje de baño. (**decir:** *reporting an act viewed as completed;* **necesitar:** *indirect discourse*)

8. (Ser) _____ las nueve de la noche cuando él (llegar) _____ anoche. (**ser:** *time in the past;* **llegar:** *reporting an act viewed as completed*)

156 *Lección 10, Workbook Activities*

F. Complete the following paragraph about Eva, her family and friends. Use the preterit or the imperfect of the verbs in parentheses.

Cuando yo _____ (ser) niña, _____ (vivir) en Montevideo. Todos los fines de

semana mi familia y yo _____ (ir) a la playa. Un año mis padres _____ (decidir) ir

a Bariloche. Yo no _____ (saber) esquiar, pero mi papá me _____ (decir) que

_____ (ser) muy fácil. En dos días yo _____ (aprender) a esquiar y _____

(divertirse) mucho. El año pasado mis amigos y yo_____ (ir) a acampar cerca de un lago y

_____ (estar) allí por una semana.

G. Write nine questions about what you read in exercise F.

1. _____

2. _____

3. _____

4. _____

5. _____

6. _____

7. _____

8. _____

9. _____

H. Complete each sentence with the preterit or the imperfect of the verb in parentheses.

1. Nosotros los (conocer) _____ ayer.   (*met*)

2. Yo (conocer) _____ a ese doctor.   (*knew*)

3. Ellas lo (saber) _____ anoche.   (*found out*)

4. Tú ya lo (saber) _____.   (*knew*)

5. Mi mamá no (querer) _____ venir.   (*refused*)

6. Él no (querer) _____ venir, pero...   (*didn't want to*)

I. ¿Cómo se dice...? Write the following dialogues in Spanish.

1. "We are going to camp near the lake."
   "Are you going to swim?"
   "Yes, I plan to take my bathing suit."

   _____

   _____

   _____

2. "We used to have a good time when we were children."
   "Yes, we used to go on vacation to the beach and to the mountains."
   "We used to go fishing every weekend."

   _____

   _____

   _____

3. "Didn't she know that David was married?"
   "No, she found out last night when she met his wife."

   _____

   _____

4. "I didn't come to class because I had to work."
   "I couldn't come either. I was at the hospital all afternoon."
   "What did you tell the teacher?"
   "I told him that my grandmother was sick."

   _____

   _____

   _____

   _____

J. Crucigrama

Horizontal

2. El Atlántico es un _____.
4. "*lifeguard*", en español
7. opuesto de **irse**
8. Necesito una bolsa de _____.
9. El Sahara es un _____.
11. Me gusta _____ montañas.
12. Si vas de pesca, necesitas la caña de _____.
14. Vamos a ir a Bariloche a _____.

15. Para nadar necesito el _____ de baño.
16. hacer planes
18. opuesto de **ciudad**
21. El Mississippi es un _____.
23. El Erie es un _____.
25. Yo aprendí a _____ la naturaleza.
26. Me gusta _____ a caballo.
29. opuesto de **norte**
30. Me encantan las actividades al aire _____.
31. Compré una _____ para jugar al tenis.

158 *Lección 10, Workbook Activities*

Vertical

1. quedarse en un hotel
3. Él es de Santiago; es _____.
5. No compramos la cabaña; la _____.
6. Yo sé montar en _____.
10. No tienes razón; estás _____.
13. Para acampar, necesito la tienda de _____.
15. Voy a la playa para _____ el sol.

17. opuesto de **aprender**
19. Me costó un _____ de la cara.
20. Necesito un vestido. Voy a ir de _____.
22. _____ en la piscina.
24. Elsa va a ir de _____ a la playa.
27. opuesto de **este**
28. opuesto de **divertirse**

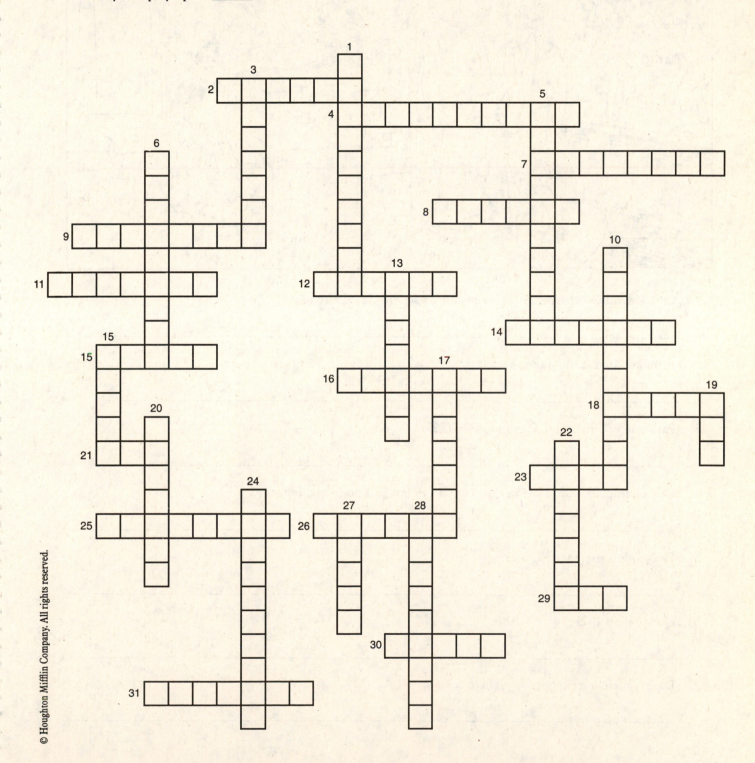

K. **¿Qué pasa aquí?** Look at the illustration and answer the following questions.

1. ¿Cree Ud. que a estas personas les gustan las actividades al aire libre?

   _____

2. ¿Fernando quiere montar en bicicleta?

   _____

3. ¿Para qué va a necesitar Fernando un rifle?

   _____

4. ¿Qué están planeando Darío y Ana? ¿Quieren ir al mismo (*same*) lugar?

   _____

5. ¿Qué no le gusta hacer a Ana?

   _____

6. ¿Qué prefiere hacer?

   _____

7. ¿Darío quiere ir a un hotel o prefiere acampar?

   _____

8. ¿Qué van a necesitar Ana y Darío si piensan acampar?

_____

9. ¿Qué cree Ud. que le gusta a Jorge?

_____

10. ¿Cree Ud. que Jorge se va a divertir o se va a aburrir durante sus vacaciones?

_____

11. ¿Ud. cree que Olga y Luis van a pasar sus vacaciones en Arizona o en Vermont?

_____

12. ¿Olga y Luis van a ir a un hotel?

_____

Laboratory Activities Lección **10**

I. Para escuchar y contestar

Carta: *Las vacaciones de Silvia*

The letter will be read first without pauses. Pay close attention to the speaker's intonation and pronunciation.

Córdoba, Argentina
12 de febrero de 2002

Querida Victoria:

¡Estaba equivocada! Creí que no me iba a gustar ir de vacaciones con mis padres y que me iba a aburrir y, sin embargo, me estoy divirtiendo mucho.

Llegamos a Córdoba hace una semana. Al día siguiente de llegar fuimos a acampar junto al Río de los Sauces. Papá y mi hermano armaron las tiendas de campaña y todos dormimos profundamente en nuestras bolsas de dormir. ¡Hice de todo! Nadé, fui de pesca con Miguel Ángel (no pesqué nada, a pesar de que tenía una caña de pescar nueva), monté a caballo y en bicicleta.

Anoche unos amigos chilenos dieron una fiesta. Yo no quería ir, pero papá me convenció y fui. Allí conocí a Gustavo, un muchacho de Santiago. ¡Bailé toda la noche con él!

¿Y a ti cómo te fue en Buenos Aires? ¿Fuiste de compras? ¿Te quedaste en casa de tus tíos? Espero que sí, porque los hoteles en Buenos Aires cuestan un ojo de la cara. Yo me hospedé en uno hace tres meses y me costó una fortuna.

El próximo año tienes que venir con nosotros. ¡En serio! Pensamos ir a Bariloche y alquilar una cabaña. Miguel Ángel dice que te va a enseñar a esquiar (cuando éramos niños íbamos a Bariloche todos los años y él aprendió a esquiar muy bien).

Bueno, me voy porque mamá me dijo que Gustavo me estaba esperando. ¡Vamos a planear otra fiesta!

Un abrazo
Silvia

P.D. En este viaje aprendí a apreciar la naturaleza, el campo y... ¡a los muchachos chilenos!

Now the letter will be read with pauses for you to repeat what you hear. Imitate the speaker's intonation patterns.

Preguntas y respuestas

You will now hear questions about the letter. Answer each one, omitting the subject. The speaker will confirm your response. Repeat the correct response.

Situaciones

The speaker will present several situations based on the letter. Respond appropriately in Spanish to each situation. The speaker will confirm your response. Repeat the correct response. Follow the model.

> MODELO: You ask a friend if she likes to ride a bicycle.
> **¿Te gusta montar en bicicleta?**

II. Pronunciación

- When you hear the number, read the corresponding sentence aloud. Then listen to the speaker and repeat the sentence.

1. Estaba equivocada.
2. Acampamos junto al Río de los Sauces.
3. Me estoy divirtiendo mucho.
4. Papá me convenció y fui.
5. Yo me hospedé en un hotel.
6. El próximo año tienes que venir.
7. Miguel Ángel te va a enseñar a esquiar.
8. Aprendí a apreciar la naturaleza.

III. ¡Vamos a practicar!

A. Answer each question you hear, using the cue provided. The speaker will confirm your response. Repeat the correct response. Follow the model.

> MODELO: —¿Cuánto tiempo hace que empezaste a estudiar español? (seis meses)
> **—Hace seis meses que empecé a estudiar español.**

1. (veinte minutos)   3. (un mes)   5. (una hora)
2. (tres semanas)   4. (un año)

B. Repeat each sentence you hear, changing the verb to the imperfect tense. The speaker will confirm your response. Repeat the correct response. Follow the model.

> MODELO: —¿Tú trabajas?
> **—¿Tú trabajabas?**

C. The speaker will ask several questions. Pay close attention to the use of the preterit or the imperfect in each question and respond in the appropriate tense, using the cue provided. The speaker will confirm your response. Repeat the correct response. Follow the model.

> MODELO: —¿Qué hora era? (las ocho)
> **—Eran las ocho.**

1. (a las doce)   4. (a las cuatro)   7. (a la tienda)
2. (pescar)   5. (sí)   8. (ocho años)
3. (en México)   6. (un traje de baño)   9. (a la playa)

164 *Lección 10, Laboratory Activities*

D. Answer each question you hear, using the model as a guide. The speaker will confirm your response. Repeat the correct response.

MODELOS: 1. —¿No conocías al doctor Rodríguez?
—**No, lo conocí esta mañana.**

2. —¿Sabían Uds. que él era casado?
—**Lo supimos anoche.**

3. —¿No dijiste que podías venir?
—**Sí, pero no quise.**

IV. Ejercicios de comprensión

A. You will now hear some statements. Circle L if it is logical (**lógico**) and I if it is illogical (**ilógico**). The speaker will confirm your response.

1. L I   5. L I   8. L I
2. L I   6. L I   9. L I
3. L I   7. L I   10. L I
4. L I

B. Before listening to the dialogues in this section, study the comprehension questions below. Reviewing the questions ahead of time will help you to remember key information as you listen.

1. ¿Qué le pregunta Rosa a Héctor?
2. ¿Qué quiere hacer Héctor?
3. ¿Adónde quiere ir Rosa?
4. ¿Por qué no le gusta la playa a Héctor?
5. ¿Adónde van a ir Olga y su familia de vacaciones?
6. ¿Adónde iba Gloria cuando era niña?
7. ¿Cuánto tiempo hace que Olga no va a las montañas?
8. ¿Olga y su familia van a acampar o van a ir a un hotel?
9. ¿Qué le pide Olga a Gloria?
10. ¿Cuándo se lo va a traer Gloria?
11. ¿Qué va a hacer Ernesto este fin de semana?
12. ¿Por qué no necesita la caña de pescar de Tito?
13. ¿Por qué no puede ir Tito con Ernesto?
14. ¿Adónde van a ir después?

Listen carefully to each dialogue and then answer the questions, omitting the subject. The speaker will confirm your response. Repeat the correct response.

V. Para escuchar y escribir

Tome nota

You will hear two radio commercials for package tours to Mexico and Spain. First listen carefully for general comprehension. Then, as you listen for a second time, fill in the information requested.

Agencia Miramar

Lugares que se visitan: _____

La excursión sale de: _____

Día(s) de salida: _____

Hora de salida: _____

Incluido en el precio: _____

Hotel(es): _____

Aerolínea Iberia

Lugares que se visitan: _____

La excursión sale de: _____

Día(s) de salida: _____

Hora de salida: _____

Incluido en el precio: _____

Hotel(es): _____

Dictado

The speaker will read six sentences. Each sentence will be read twice. After the first reading, write what you heard. After the second reading, check your work and fill in what you missed.

1. _____

2. _____

3. _____

4. _____

5. _____

6. _____

Check Your Progress

Lección 9

A. Complete the following dialogues with the Spanish equivalent of the words in parentheses.

1. —¿A qué hora _____ Uds.?   (*do you get up*)

   —Yo _____ a las seis y Gustavo _____

   a las seis y media.   (*get up/gets up*)

   —¿Tú _____ por la mañana o por la noche?   (*Do you bathe*)

   —Por la mañana.

2. —¿A qué hora _____ Uds. anoche?   (*did you go to bed*)

   —_____ a las once. (*We went to bed*)

B. Answer the following questions, using complete sentences.

1. ¿Cómo te sientes hoy?

   _____

2. ¿A qué hora te gusta levantarte los fines de semana?

   _____

3. ¿Te acuestas más tarde los sábados?

   _____

4. ¿Vas a la iglesia los domingos?

   _____

5. En la clase, ¿te sientas cerca de la puerta?

   _____

6. ¿Te duermes a veces (*sometimes*) cuando manejas?

   _____

7. ¿Te quitas la chaqueta (*jacket*) cuando llegas a tu casa?

   _____

8. ¿Qué champú usas para lavarte la cabeza?

   _____

C. Complete the following dialogue with the Spanish equivalent of the words in parentheses.

   —¿Dónde _____ (*were*) tú y Alicia ayer?

   —Ella _____ (*was*) en la biblioteca y yo _____ (*had*)

   que trabajar. ¿Y tú? ¿Qué _____ (*did you do*)?

   —_____ (*I came*) a la universidad y le _____ (*brought*)

   unos periódicos al profesor. Los _____ (*put*) en su escritorio, pero no

   _____ (*was able*) hablar con él.

   —¿_____ (*Did you drive*) el coche de tu mamá?

   —No... le pedí permiso, pero ella _____ (*said*) que no.

D. Complete the following sentences with an appropriate adverb.

1. Traje estos folletos _____ para ti.

2. _____ voy a la playa los domingos.

3. Ellos bailan _____.

4. Nosotros hablamos _____ y _____.

Lección 10

A. Use the items below to say how long ago everything happened. Add any necessary words.

1. dos años / Pedro / venir / esta ciudad

   _____

2. tres horas / los chicos / llegar / su casa

   _____

3. seis meses / nosotros / ir / Santiago

   _____

B. Complete the following sentences with the imperfect or the preterit of the verbs in parentheses.

1. Yo no _____ (saber) que nosotros _____ (tener)

   un examen hoy. Lo _____ (saber) esta mañana.

2. Cuando Eva _____ (ser) niña, siempre _____

   (venir) a nuestra casa y _____ (estudiar) con nosotros.

3. —¿_____ (Ir) tú a la fiesta de Oscar?

   —Sí, yo no _____ (querer) ir, pero _____ (tener)

   que ir para llevar a Marta.

4. _____ (Ser) las cinco de la tarde cuando yo _____

   (llegar) a casa ayer.

5. Ellos no _____ (conocer) a mi esposo. Lo _____

   (conocer) ayer.

C. Answer the following questions, using complete sentences.

1. ¿Dónde vivías cuando tenías diez años?

   _____

2. Cuando eras chico(-a), ¿veías a tus abuelos frecuentemente?

   _____

3. Cuando eras niño(-a), ¿a qué hora te acostabas generalmente?

   _____

4. ¿Dónde conociste a tu mejor amigo(-a)?

   _____

5. ¿Cómo era tu primer(-a) novio(-a)?

   _____

6. ¿Cuántas horas estudiaste ayer?

   _____

7. Cuando saliste de tu casa ayer, ¿qué tiempo hacía?

   _____

8. ¿Dónde cenaste anoche?

_____

9. ¿Qué hora era cuando llegaste a tu casa ayer?

_____

10. ¿A qué hora te acostaste ayer?

_____

D. Write a short paragraph about the last time you went on a vacation that included outdoor activities. Say when you went and with whom, what you did, how long you stayed, and when you returned home.

_____

_____

_____

_____

_____

_____

_____

_____

_____

_____

_____

_____

Workbook Activities

A. Complete the following chart with the corresponding present subjunctive forms.

Infinitive	yo	tú	Ud., él, ella	nosotros	Uds., ellos, ellas
1. cobrar	cobre	cobres	cobre	cobremos	cobren
2. estudiar					
3. deber	deba	debas	deba	debamos	deban
4. beber					
5. abrir	abra	abras	abra	abramos	abran
6. recibir					
7. hacer	haga				
8. decir		digas			
9. entender			entienda		
10. volver				volvamos	
11. sugerir					sugieran
12. dormir				durmamos	
13. mentir					mientan
14. buscar	busque				
15. pescar					
16. dar		des			
17. estar			esté		
18. ir				vayamos	
19. ser					sean
20. saber	sepa				

B. Complete the chart below.

English	Subject	Verb	que	Subject of subordinate clause	Verbs in the subjunctive
1. He wants me to speak.	**Él**	**quiere**	**que**	**yo**	**hable.**
2. I want you to learn.				tú	
3. You want him to go out.	Tú				
4. She wants us to drink.					bebamos.
5. We want her to come.				ella	
6. You want them to understand.	Uds.				
7. They want us to remember.				nosotros	
8. You want us to study.	Uds.				
9. They want us to write.					escribamos.
10. He wants us to lie.	Él				
11. I want you to walk.				tú	
12. They want you to wait.				Uds.	
13. She wants him to work.					
14. We want them to go.					

C. Diligencias. My mother wants my brothers and me to do many things today. Say what they are, using the present subjunctive.

Mi mamá quiere que...

1. yo _____ (ir) al banco y _____ (depositar) un cheque.

2. Julio _____ (llevar) la ropa a la tintorería y _____ (recoger) el vestido que ella dejó ayer.

3. Raúl y yo _____ (sacar) dinero de nuestra cuenta de ahorros y _____ (pagar) la cuenta (*bill*) del gas.

4. Tito y Paco _____ (devolver) unos libros a la biblioteca y _____ (traer) otros.

5. Julio _____ (comprar) entradas para el concierto y _____ (dárselas) a papá.

6. nosotros _____ (hacer) todas estas diligencias por la mañana.

D. These conversations can be heard in the college cafeteria. Complete each one, using the present subjunctive or the infinitive, as appropriate.

1. —Yo te sugiero que _____ (pedir) un préstamo en el banco para comprar el coche.

   —Voy a pedirlo, pero temo que (ellos) no me lo _____ (dar).

2. —Mañana es sábado. Espero _____ (poder) quedarme en la cama hasta tarde.

   —Yo te aconsejo que _____ (estudiar) para el examen del lunes.

   —Ojalá que no _____ (ser) muy difícil.

3. —¿Es necesario _____ (firmar) esta tarjeta?

   —Sí, tienes que firmarla.

4. —Es una lástima que nosotros no _____ (tener) la tarde libre hoy, pero me alegro de no

   _____ (tener) que venir a la universidad mañana.

   —Sí, pero yo necesito que mañana tú _____ (ir) a mi casa y me _____ (ayudar) (*help*)

   a escribir el informe de literatura.

5. —¿Tú quieres _____ (ir) a la playa con nosotros?

   —Sí, pero mamá quiere que (yo) _____ (hacer) varias diligencias.

   —Espero que (tú) _____ (poder) ir con nosotros el próximo sábado.

6. —Necesito _____ (lavar) estos pantalones.

   —Yo te aconsejo que no los _____ (lavar). Te sugiero que los _____ (llevar) a la tintorería.

   —Temo no _____ (poder) ir hoy.

7. —¿Qué nos sugiere que _____ (hacer) con este cheque?

   —Les sugiero que lo _____ (depositar) en su cuenta corriente.

8. —Me alegro de que David _____ (estar) aquí hoy.

   —Sí, siento no _____ (tener) tiempo para conversar con él.

E. ¿Cómo se dice...? Write the following dialogues in Spanish.

1. "I hope that you have your checkbook, Marta."
   "No, I didn't bring it. I hope you have money!"

   _____

   _____

2. "My mother doesn't want me to apply for a loan."
   "She's right . . . "

   _____

   _____

3. "I can't pay cash for the car."
   "I suggest that you buy it on installments, Miss Vega."

   _____

   _____

4. "What does she want you to do, Anita?"
   "She wants me to run some errands."

   _____

   _____

F. Crucigrama

Horizontal

4. talonario de cheques
6. opuesto de **alegrarse**
8. No tiene hermanos; es hijo _____.
11. ¿Cómo se dice "*to be glad*"?
12. ¿Cómo se dice "*pants*"?
15. Le gusta _____ en la cama hasta tarde.
17. Voy a abrir una cuenta _____.
19. El _____ niño está muy enfermo.
20. Tenía mil dólares y saqué seiscientos. El _____ es de cuatrocientos dólares.
21. espero
22. Tengo un rollo de _____ para revelar.
23. No me levanté porque no sonó el _____.
25. modo
26. ¿Cómo se dice "*to walk*"?
27. aparcar

Vertical

1. Voy a pedir un _____ en el banco.
2. No cuesta nada; es _____.
3. poner la fecha
5. ¿Cómo se dice "*they scream*"?
7. ¿Cómo se dice "*to fear*"?
9. ¿Vas a lavar el vestido o lo vas a llevarla a la _____?
10. Voy a _____ cien dólares en mi cuenta.
13. ¿Lo compraste al _____ o a plazos?
14. Deposité mil dólares en mi cuenta de _____.
16. ¿Cómo se dice "*errand*"?
18. ¿Cómo se dice "*to look like*"?
24. Fui a la estación de _____ porque me robaron mil dólares.
25. Prefiero montar una _____ *Harley Davidson*.

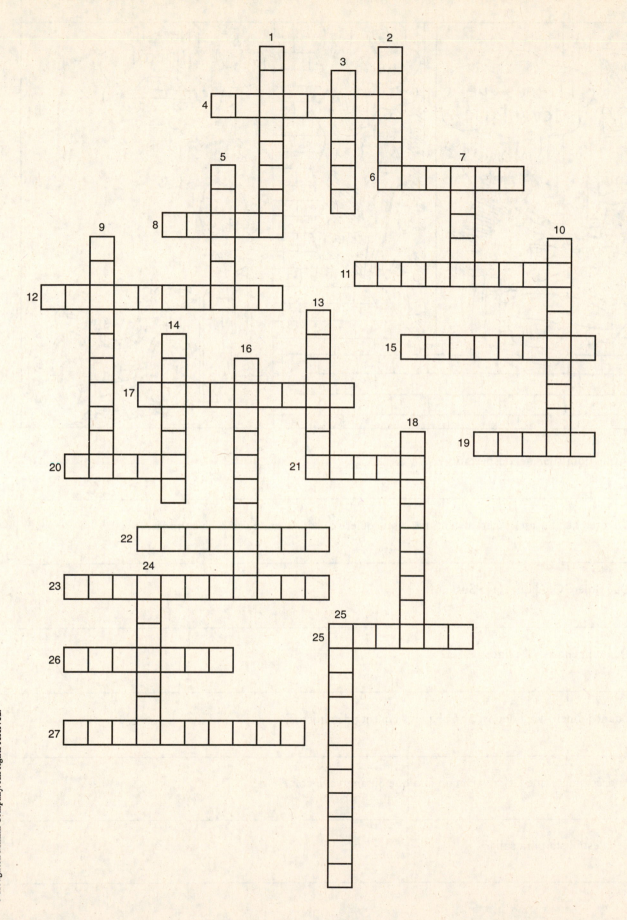

G. **¿Qué pasa aquí?** Look at the illustration and answer the following questions.

1. ¿A qué hora suena el despertador?

_____

2. ¿Ud. cree que Susana quiere levantarse o que quiere quedarse en la cama hasta tarde?

_____

3. ¿Qué quiere Olga que haga Susana?

_____

4. ¿Qué diligencias va a hacer Celia?

_____

5. ¿Cuánto dinero va a depositar Celia en su cuenta de ahorros?

_____

6. ¿Andrés quiere que Celia vaya con él o que Susana vaya con él?

_____

7. ¿Celia está lista para salir?

_____

8. ¿Ud. cree que Andrés va a depositar dinero o que va a pedir un préstamo? ¿Cómo lo sabe Ud.?

_____

9. ¿Para qué quiere Andrés el dinero?

_____

10. ¿Cómo van a ir al banco Celia y Andrés?

_____

Para leer

Son las siete de la mañana y suena el despertador. Hoy Carla no puede quedarse en la cama hasta tarde porque tiene que hacer muchas diligencias. Primero, su mamá quiere que vaya a la tintorería para llevar un abrigo de ella y un pantalón de su papá. Su hermano quiere que lo lleve al gimnasio y su hermana Rocío quiere que vaya con ella al banco porque quiere pedir un préstamo para comprar un coche. Carla teme que el banco no le preste dinero a su hermana ni siquiera (*not even*) para comprar una bicicleta...

En el banco, mientras Rocío llena la solicitud para el préstamo, Carla saca dinero del cajero automático y abre una cuenta de ahorros.

¡Conteste!

1. ¿A qué hora se despierta Carla hoy?

_____

2. ¿La despierta su mamá?

_____

3. ¿Por qué tiene que levantarse temprano Carla hoy?

_____

4. ¿Adónde quiere su mamá que vaya?

_____

5. ¿Qué ropa tiene que llevar a la tintorería?

_____

6. ¿Carla es hija única?

_____

7. ¿Adónde quiere ir su hermano?

_____

8. ¿Qué quiere Rocío que haga Carla?

_____

9. ¿Qué va a hacer Rocío en el banco?

_____

10. ¿Qué teme Carla?

_____

11. ¿Qué tiene que llenar Rocío en el banco?

_____

12. ¿Carla deposita dinero en el cajero automático?

_____

13. ¿Carla tenía una cuenta de ahorros en el banco?

_____

Laboratory Activities

I. Para escuchar y contestar

Diálogo: *Haciendo diligencias*

The dialogue will be read first without pauses. Pay close attention to the speakers' intonation and pronunciation.

En una casa de la calle Ponce en San Juan, Puerto Rico, vive la familia Vargas. Sergio está muy cansado hoy y quiere quedarse en la cama hasta tarde porque hoy tiene el día libre. Su mamá quiere que haga varias diligencias, de modo que el pobre muchacho tiene que levantarse en cuanto suena el despertador a las siete de la mañana.

A las nueve llega a la tintorería, que queda cerca de su casa.

SERGIO —Vengo a recoger esta ropa. Aquí está el comprobante. Ojalá que estén listos mis pantalones.

EMPLEADA —(*Lee.*) Un abrigo de mujer y un pantalón. (*A Sergio*) Un momento, por favor. Los pantalones son rosados, ¿verdad?

SERGIO —¡Eran blancos cuando los traje... !

A las diez, Sergio está en el departamento de fotografía de la tienda La Francia.

SERGIO —Hace una semana que traje un rollo de película en colores. Espero que esté listo.

EMPLEADA —A ver... ¿Sergio Vargas...? Sí, las fotos salieron muy bien.

SERGIO —¿Y cuánto cobran por revelar un rollo de película?

EMPLEADA —Seis dólares, señor.

SERGIO —Muy bien. ¿Quién es esta señora? ¡Éstas fotos no son mías!

A las once, Sergio estaciona su motocicleta frente al banco.

SERGIO —Quiero depositar este cheque, que está a nombre de mi madre. ¿Es necesario que lo firme ella?

EMPLEADA —Si lo va a depositar en la cuenta corriente de ella, no.

SERGIO —Muy bien, eso es lo que quiero hacer. También quiero sacar doscientos dólares de mi cuenta de ahorros.

EMPLEADA —Llene esta tarjeta, por favor.

SERGIO —Necesito que me dé el saldo de mi cuenta de ahorros.

EMPLEADA —Sólo tiene veinte dólares. Lo siento, señor Vargas, pero no tiene suficiente dinero.

Cuando Sergio sale del banco, no encuentra su motocicleta.

SERGIO —¡Ay, no! ¡Alguien me robó la motocicleta!

SEÑORA —El muchacho que se llevó la motocicleta dijo que Ud. era su hermano...

SERGIO —¡Yo soy hijo único!

SEÑORA —Se parecen mucho. Me sorprende que no sean hermanos.

SERGIO —¡El próximo martes trece no salgo de casa!

Now the dialogue will be read with pauses for you to repeat what you hear. Imitate the speakers' intonation patterns.

Preguntas y respuestas

You will now hear questions about the dialogue. Answer each one, omitting the subject. The speaker will confirm your response. Repeat the correct response.

Situaciones

The speaker will present several situations based on the dialogue. Respond appropriately in Spanish to each situation. The speaker will confirm your response. Repeat the correct response. Follow the model.

> MODELO: You tell your teacher that you hope he'll give you an "A."
> **Espero que me dé una "A".**

II. Pronunciación

- When you hear the number, read the corresponding sentence aloud. Then listen to the speaker and repeat the sentence.

   1. Quiere quedarse en la cama hasta tarde.
   2. Quiere que haga varias diligencias.
   3. A las nueve, llega a la tintorería.
   4. Revela un rollo de película.
   5. Sergio estaciona su motocicleta.
   6. Quiero sacar doscientos dólares.
   7. Tengo una cuenta de ahorros.
   8. Camina hacia la estación de policía.

III. ¡Vamos a practicar!

A. Answer each question you hear, using the cue provided. The speaker will confirm your response. Repeat the correct response. Follow the model.

> MODELO: —¿Qué quieres que yo haga?   (depositar el dinero)
> —**Quiero que deposites el dinero.**

1. (traer los cheques)	5. (volver temprano)	8. (ahorrar más)
2. (venir mañana)	6. (dar una fiesta)	9. (llenar las tarjetas)
3. (ir a la tintorería)	7. (pagar la cuenta)	10. (depositar el dinero)
4. (estar aquí a las cinco)		

B. The speaker will say what different people want to do. Say that you don't want them to do those things. The speaker will confirm your response. Repeat the correct response. Follow the model.

> MODELO: —Nosotros queremos invitar a las chicas.
> —**Yo no quiero que las inviten.**

C. Respond to each statement you hear, using the cue provided. The speaker will confirm your response. Repeat the correct response. Follow the model.

> MODELO: Yo me alegro de estar aquí.   (de que tú)
> **Yo me alegro de que tú estés aquí.**

1. (que Carlos)	3. (que mi hijo)	5. (que nosotros)
2. (que Uds.)	4. (que tú)	

180   *Lección 11, Laboratory Activities*

D. Respond to each statement you hear, using the cue provided. The speaker will confirm your response. Repeat the correct response. Follow the model.

> MODELO: Ana va con Teresa.   (Espero)
> **Espero que Ana vaya con Teresa.**

1. (Siento)
2. (Me alegro)

3. (Es una lástima)
4. (Ojalá)

5. (Temo)
6. (Espero)

IV. Ejercicios de comprensión

A. You will now hear some statements. Circle **L** if it is logical (**lógico**) and **I** if it is illogical (**ilógico**). The speaker will confirm your response.

1. L I
2. L I
3. L I
4. L I

5. L I
6. L I
7. L I

8. L I
9. L I
10. L I

B. Before listening to the dialogues in this section, study the comprehension questions below. Reviewing the questions ahead of time will help you to remember key information as you listen.

1. ¿Qué quiere hacer Elisa mañana?
2. ¿Adónde quiere su papá que lo lleve?
3. ¿Elisa quiere levantarse temprano?
4. ¿Adónde quiere su padre que vaya después?
5. ¿Qué necesita su mamá que haga Elisa?
6. ¿Qué quiere saber Elisa?
7. ¿Qué tiene que llevar Raquel a la tintorería?
5. ¿A cuál le sugiere Amanda que vaya?
9. ¿En qué calle queda la tintorería Magnolia?
10. ¿Quién quiere Raquel que la lleve?
11. ¿Qué dice Raquel del coche de Antonio?
12. ¿Quién dice Amanda que le gusta a Raquel?
13. ¿Cuánto quiere sacar el Sr. Vargas de su cuenta de ahorros?
14. ¿En qué cuenta quiere depositar el cheque?
15. ¿Es necesario que la hija del Sr. Vargas firme el cheque?
16. ¿Qué le va a comprar el Sr. Vargas a su hijo?
17. ¿Qué espera el Sr. Vargas?

Listen carefully to each dialogue and then answer the questions, omitting the subject and replacing direct objects with direct object pronouns. The speaker will confirm your response. Repeat the correct response.

V. Para escuchar y escribir

Tome nota

You will hear Jorge Sandoval describe his daily routine. First listen carefully for general comprehension. Then, as you listen for a second time, fill in the information requested.

AGENCIA DE DETECTIVES

Información sobre: Jorge Sandoval

7:00:   Se levanta.

8:00: _____

9:00: _____

9:00–12:00: _____

12:30: _____

_____

_____

1:30: _____

1:30–5:00: _____

5:30: _____

6:00: _____

10:00: _____

Firma del detective: _____

Fecha: _____

Dictado

The speaker will read six sentences. Each sentence will be read twice. After the first reading, write what you heard. After the second reading, check your work and fill in what you missed.

1. _____

2. _____

3. _____

4. _____

5. _____

6. _____

Workbook Activities

A. Complete the chart below, with **Ud.** and **Uds.** command forms.

Infinitive	Command Ud.	Command Uds.
1. preparar	prepare	preparen
2. caminar		
3. aprender	aprenda	aprendan
4. beber		
5. abrir	abra	abran
6. subir		
7. venir	venga	vengan
5. hacer		
9. dar	dé	den
10. estar		
11. empezar	empiece	empiecen
12. comenzar		
13. pedir		
14. contar		
15. ir	vaya	
16. ser		sean

B. You will be out of the office tomorrow. Tell Miss Montalván, your assistant, to do the following.

1. estar en la oficina a las siete

   _____

2. traducir las cartas y llevarlas al correo

   _____

3. ir al banco y depositar los cheques

   _____

4. decirle al Sr. Díaz que el lunes hay una reunión (*meeting*)

   _____

5. poner los documentos en mi escritorio / no dárselos a la Srta. Valdés

   _____

   _____

6. mandarle un fax al Sr. Uribe o llamarlo por teléfono para que venga el lunes

   _____

   _____

7. quedarse en la oficina hasta las cinco

   _____

C. Answer the following questions, using commands and the cues provided.

1. ¿A qué hora tengo que estar aquí?   (a las diez)

   _____

2. ¿Cuántas tarjetas postales compramos?   (diez)

   _____

3. ¿A quién se las enviamos?   (al Sr. Alvarado)

   _____

4. Y las estampillas, ¿a quién se las doy?   (a la Srta. Rojas)

   _____

5. Y el paquete, ¿cuándo lo recojo?   (mañana)

   _____

184   *Lección 12, Workbook Activities*

6. ¿A qué ventanilla vamos?   (a la número tres)

   _____

7. ¿Por dónde salimos?   (por esa puerta)

   _____

8. ¿Seguimos derecho?   (sí)

   _____

D. Complete the following sentences with **que, quien,** or **quienes,** as appropriate.

1. El señor _____ llamó ayer es uno de los empleados.

2. Las estampillas _____ compré están en la mesa.

3. Los chicos de _____ te hablé trabajan en la oficina de correos.

4. Las chicas _____ estaban en la biblioteca son cubanas.

5. El muchacho con _____ estudia Perla se llama José Luis.

6. La señora _____ mandó el giro postal es mi tía.

E. Complete each sentence by providing either the present subjunctive or the present indicative form of the verb.

1. Creemos que ellos _____ (estar) en la oficina de correos.

2. No dudo que su casa _____ (quedar) en esa calle.

3. Niego que Rosa me _____ (mandar) dinero todos los meses.

4. Es verdad que ellos siempre _____ (llegar) tarde.

5. No estoy seguro de que el correo _____ (estar) abierto a esta hora.

6. Es cierto que el edificio _____ (ser) muy antiguo.

7. No es cierto que nosotros _____ (ser) extranjeros.

8. No creemos que ellos _____ (conseguir) las estampillas.

9. No es verdad que nosotros _____ (tener) el paquete.

10. Dudo que el cartero _____ (venir) temprano hoy.

11. No niego que ella _____ (ser) muy puntual.

12. Estoy seguro de que nosotros _____ (necesitar) un casillero en la oficina.

F. The names of eleven things found in cities are hidden in the puzzle below. Reading horizontally, vertically, and diagonally, find them and list them with their corresponding definite articles.

P	S	E	M	A	F	O	R	O	E	E
C	A	M	L	N	O	L	C	M	D	S
U	B	R	N	R	E	B	O	E	I	T
A	U	L	Q	T	C	R	R	T	F	A
D	Z	J	O	U	R	T	R	R	R	C
R	O	H	R	A	E	F	E	O	C	I
A	N	T	C	M	I	G	O	R	I	O
E	S	Q	U	I	N	A	M	S	O	N

1. _____ _____   7. _____ _____

2. _____ _____   8. _____ _____

3. _____ _____   9. _____ _____

4. _____ _____   10. _____ _____

5. _____ _____   11. _____ _____

6. _____ _____

G. ¿Cómo se dice...? Write the following dialogues in Spanish.

1. "I think she has the money orders."
    "No, I don't think she has them."

    _____

    _____

2. "He says that I need a passport and a visa to travel to Spain."
    "It's true that you need a passport, but it's not true that you need a visa."

    _____

    _____

    _____

    _____

3. "We can take the subway."
    "I doubt that there is a subway in this city."

    _____

    _____

4. "Bring the packages tomorrow, but don't give them to my secretary; leave them on my desk."
    "Do you want me to bring the stamps, too?"
    "Yes, bring them, please."

    _____

    _____

    _____

    _____

5. "Where's the man who brought the mail?"
    "Downstairs."

    _____

    _____

H. Crucigrama

Horizontal

1. Trabaja en la oficina de _____.
3. ¿Cómo se dice "*open*"?
5. El *Empire State* es uno.
7. Es un _____ de regalo.
8. opuesto de **subir**
9. opuesto de **moderno**
11. sello
14. ¿Doblo o sigo _____?
16. Echo las cartas en el _____.
17. Voy a mandarle un giro _____.
18. Siempre llega tarde; no es _____.
19. Voy a enviar la carta por _____ aérea.
21. Ponga las cartas en mi _____, señorita.
22. Voy a mandar las cartas _____.
24. Voy a escribir el informe en mi _____.
25. No lo creemos; lo _____.
27. El _____ del Retiro es muy bonito.
28. Vamos a _____ la calle.
29. Elsa va a leer su correo _____.

Vertical

2. Está en la _____ de las calles Magnolia y Libertad.
4. Vive en los Estados Unidos pero no es de aquí; es _____.
6. ¿Tiene un documento de _____?
10. Venden sellos en la _____ número dos.
12. opuesto de **abajo**
13. muchos: un _____
15. El _____ tiene tres colores: rojo, verde y amarillo.
18. Esa casa es una mansión... ¡Es un _____!
20. Está cerca de aquí. ¡Está allí _____!
23. metro
26. No lo voy a llamar por teléfono. Le voy a mandar un _____.

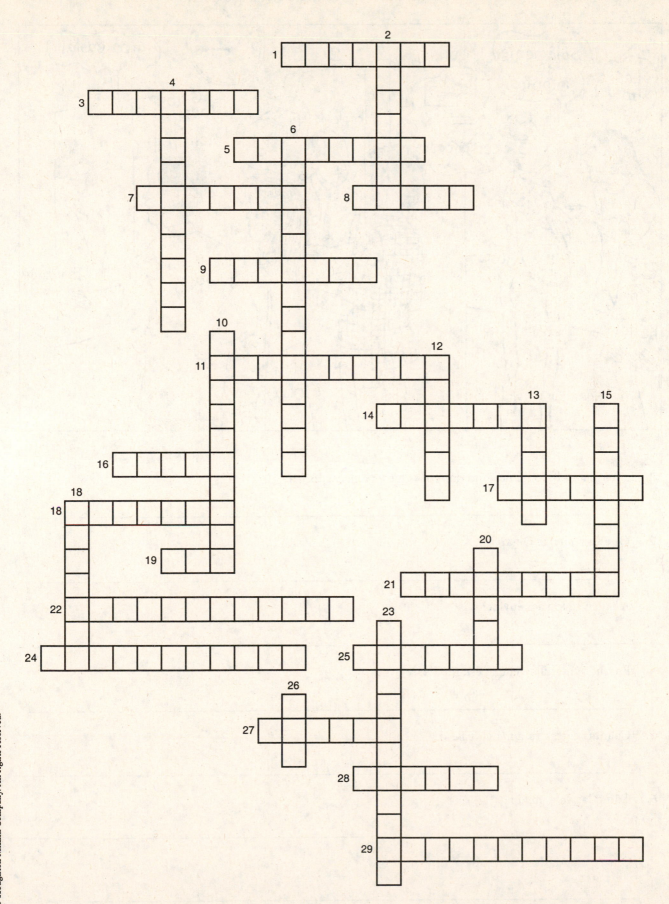

I. ¿Qué pasa aquí? Look at the illustration and answer the following questions.

1. El hermano de Jorge necesita dinero. ¿Qué va a hacer Jorge?

   _____

2. ¿Qué va a enviar Olga?

   _____

3. ¿A quién se lo va a enviar?

   _____

4. ¿En qué ventanilla venden estampillas?

   _____

5. ¿Cuántas cartas va a mandar Beto?

   _____

6. ¿Cómo las va a enviar?

   _____

7. ¿Quiere mandarlas certificadas?

   _____

8. ¿Cree Ud. que Betty está enojada con Oscar?

_____

9. ¿Oscar es puntual?

_____

10. Para Oscar ¿es importante ser puntual?

_____

Laboratory Activities

Lección 12

I. Para escuchar y contestar

Diálogo: *Pidiendo información*

The dialogue will be read first without pauses. Pay close attention to the speakers' intonation and pronunciation.

Julia, una chica de Honduras, llegó a Madrid hace una semana. Con sus amigos españoles visitó el Parque del Retiro, el Palacio Real y las antiguas ciudades de Segovia, Ávila y Toledo. En cada lugar compró un montón de tarjetas postales para enviárselas a sus padres y a sus amigos. Hoy decidió ir al correo para enviar las tarjetas y recoger un paquete.

JULIA —Dudo que el correo esté abierto a esta hora. Creo que abren a las nueve. (*A un señor que está parado en la esquina*) Dígame, señor, ¿dónde queda la oficina de correos?

SR. GÓMEZ —Está a cinco manzanas de aquí, en la Plaza de La Cibeles.

JULIA —Es que... soy extranjera y no conozco las calles. ¿Puede decirme cómo llegar allí?

SR. GÓMEZ —¡Ah!, siga derecho por esta calle hasta llegar a la Plaza de Colón.

JULIA —¿Cuántas cuadras?

SR. GÓMEZ —Dos. Después doble a la derecha al llegar al semáforo, en la calle Alcalá.

JULIA —¿La oficina de correos está en esa calle?

SR. GÓMEZ —Sí, allí mismo. Es un edificio antiguo y está frente a la estación del metro.

En el correo, Julia habla con el empleado que está en la ventanilla de información.

JULIA —Vengo a recoger un paquete y un giro postal. Me llamo Julia Reyes.

EMPLEADO —¿Tiene un documento de identidad?

JULIA —Mi pasaporte... pero lo dejé en el hotel.

EMPLEADO —No creo que se lo den sin identificación.

JULIA —Bueno, vuelvo esta tarde. ¿Dónde puedo comprar sellos?

EMPLEADO —Vaya a la ventanilla número dos, a la izquierda.

En la ventanilla número dos, Julia le pide al empleado los sellos que necesita.

JULIA —Quiero enviar estas tarjetas postales por vía aérea y una carta certificada a Honduras.

EMPLEADO —Son diez euros, señorita.

JULIA —¿Puede decirme cómo llegar desde aquí a El Corte Inglés?

EMPLEADO —Salga por la puerta principal, cruce la Plaza de La Cibeles y camine por la Gran Vía hasta llegar a la Plaza Callao. El Corte Inglés está al lado de la plaza.

En El Corte Inglés, Julia se encuentra con su amiga Pilar, con quien va a ir de compras.

JULIA —Creía que no ibas a estar aquí.

PILAR —Oye, guapa, no es cierto que los españoles siempre lleguemos tarde. A veces somos puntuales.

Las chicas suben al tercer piso, donde está el departamento de ropa para señoras.

Now the dialogue will be read with pauses for you to repeat what you hear. Imitate the speakers' intonation patterns.

Preguntas y respuestas

You will now hear questions about the dialogue. Answer each one, omitting the subject. The speaker will confirm your response. Repeat the correct response.

Situaciones

The speaker will present several situations based on the dialogue. Respond appropriately in Spanish to each situation. The speaker will confirm your response. Repeat the correct response. Follow the model.

> MODELO: You ask a clerk where you can buy stamps.
> **¿Dónde puedo comprar estampillas?**

II. Pronunciación

- When you hear the number, read the corresponding sentence aloud. Then listen to the speaker and repeat the sentence.

    1. Visitó el Parque del Retiro.
    2. Va a enviárselas a sus padres.
    3. Hoy decidió ir al correo.
    4. Soy extranjera y no conozco las calles.
    5. Tiene un documento de identidad.
    6. Vaya a la ventanilla número dos.
    7. Envió las cartas por vía aérea.
    8. Salga por la puerta principal.

III. ¡Vamos a practicar!

A. You will hear a series of indirect commands with the construction **tener que** + *infinitive*. Change each one to a direct **Ud.** or **Uds.** command. The speaker will confirm your response. Repeat the correct response. Follow the model.

> MODELO: Ud. tiene que estudiar la lección.
> **Estudie la lección.**

B. Answer each question you hear in the affirmative or in the negative, according to the cue provided. The speaker will confirm your response. Repeat the correct response. Follow the model.

> MODELO: —¿Mando el giro postal?   (sí)
> **—Sí, mándelo.**
> —¿Compro los sellos?   (no)
> **—No, no los compre.**

1. (no)	5. (no)	8. (no)
2. (sí)	6. (no)	9. (sí)
3. (sí)	7. (sí)	10. (sí)
4. (no)		

C. Answer each question you hear, using the cue provided. The speaker will confirm your response. Repeat the correct response. Follow the model.

MODELO: —¿Quién es María?   (chica—trajo las fotos)
—**Es la chica que trajo las fotos.**

1. (muchacho—vino ayer)
2. (profesor—te hablé)
3. (muchacha—mandó el fax)
4. (señora—llamó por teléfono)
5. (señor—vimos ayer)

D. Respond to each statement you hear by expressing doubt, disbelief, or denial. The speaker will confirm your response. Repeat the correct response. Follow the model.

MODELO: —Creo que Ana tiene el paquete.
—**No creo que Ana tenga el paquete.**

IV. Ejercicios de comprensión

A. You will now hear some statements. Circle L if it is logical (**lógico**) and I if it is illogical (**ilógico**). The speaker will confirm your response.

1. L I
2. L I
3. L I
4. L I

5. L I
6. L I
7. L I

8. L I
9. L I
10. L I

B. Before listening to the dialogues in this section, study the comprehension questions below. Reviewing the questions ahead of time will help you to remember key information as you listen.

1. ¿Cuánto tiempo hace que Olga llegó a Madrid?
2. ¿Qué lugares visitó?
3. ¿Por qué no fue a Ávila?
4. ¿Dónde viven los padres de Pilar?
5. ¿Por qué no fue Olga a Sevilla?
6. ¿Qué quiere Jorge que haga Raquel?
7. ¿Qué duda Raquel?
8. ¿A qué hora se cierra el correo los viernes?
9. ¿Cómo va a mandar Raquel las cartas?
10. ¿Qué tiene que comprar Raquel en el correo?
11. ¿A qué otro lugar tiene que ir Raquel?
12. ¿Qué tiene que recoger en la tintorería?
13. ¿A qué hotel va el señor?
14. ¿Dónde queda el hotel?
15. ¿El señor es extranjero?
16. ¿La señora le dice que debe doblar a la izquierda o a la derecha?
17. ¿El hotel San Martín está muy lejos?
18. ¿Cuántas cuadras tiene que caminar el señor?
19. ¿Qué quiere recoger Alicia en el correo?
20. ¿Dónde está el pasaporte de Alicia?
21. ¿Qué duda Estela?
22. ¿Qué no cree Alicia?
23. ¿De qué está segura Estela?

Listen carefully to each dialogue and then answer the questions, omitting the subject and replacing any direct object with direct object pronouns. The speaker will confirm your response. Repeat the correct response.

V. Para escuchar y escribir

Tome nota

You will hear a series of radio advertisements. First listen carefully for general comprehension. Then, as you listen for a second time, write the name of each place described in the correct location on the map.

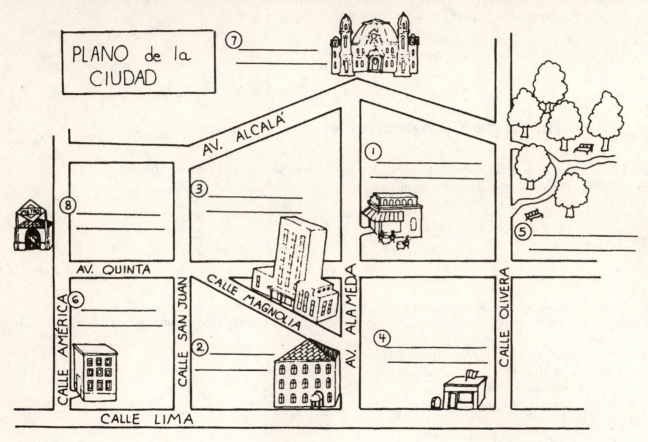

Dictado

The speaker will read six sentences. Each sentence will be read twice. After the first reading, write what you heard. After the second reading, check your work and fill in what you missed.

1. _____
2. _____
3. _____
4. _____
5. _____
6. _____

Check Your Progress

Lecciones 11 y 12

Lección 11

A. Complete the following dialogues, using the infinitive or the subjunctive of the verbs given.

1. —Yo no quiero _____ (ir) a la tintorería hoy. Espero que Julia

_____ (poder) ir.

—Si va, yo necesito que me _____ (traer) los pantalones que dejé allí la

semana pasada.

2. —Quiero comprar una moto y no tengo dinero. ¿Qué me aconsejas que _____

(hacer)?

—Te sugiero que _____ (ir) al banco y _____

(pedir) un préstamo.

3. —Me alegro de _____ (estar) aquí hoy. Espero que mis padres

_____ (poder) venir mañana.

—¡Ay, sí! ¡Ojalá que _____ (venir)!

4. —Siento no _____ (poder) ir con Uds. a la playa.

—Sí, es una lástima que (tú) no _____ (poder) ir con nosotros.

B. Complete the following sentences in your own words.

1. Mi mejor amigo me aconseja que _____.

2. Mi madre necesita que yo _____.

3. Yo me alegro de que mis amigos _____.

4. Mis padres quieren que yo _____.

5. Ojalá que el profesor _____.

6. Temo que mi mamá _____.

7. Yo le sugiero a Ud. que _____.

8. Es una lástima que _____.

Lección 12

A. Write **Ud.** or **Uds.** commands as indicated, using the verbs and object pronouns given.

1. No comprarlos. (Uds.) _____

2. Decírselo. (Ud.) _____

3. No ir al correo. (Uds.) _____

4. Traérmelas. (Ud.) _____

5. Dárselos. (Uds.) _____

6. No mandárnoslas. (Ud.) _____

7. Acostarse. (Ud.) _____

8. No bañarse ahora. (Uds.) _____

B. Complete the following sentences in your own words.

1. No creo que mi padre (madre) _____

_____.

2. Dudo que mi amigo(-a) _____

_____.

3. No es verdad que yo _____

_____.

4. Estoy seguro(-a) de que mis compañeros _____

_____.

5. No dudo que mi familia _____

_____.

C. Write the following dialogues in Spanish.

1. "Who came to see us?"
   "The lady about whom I spoke to you."

_____

_____

3. ¿Qué te traigo a ti?   (una lámpara)

_____

4. Aquí están las cortinas. ¿A quién se las doy?   (a Elena)

_____

5. ¿Qué hago con las fundas? ¿Se las doy a José?   (no)

_____

6. ¿Qué vestido me pruebo?   (el vestido amarillo)

_____

7. ¿Qué abrigo me pongo?   (el abrigo verde)

_____

8. ¿Voy al apartamento ahora?   (no)

_____

9. Ana trajo las frazadas. ¿Las pongo en la cama?   (no)

_____

10. Hoy tenemos la fiesta. ¿Se lo digo a Rita?   (no)

_____

11. ¿Qué hago para la cena?   (pollo)

_____

12. ¿A qué hora vengo mañana?   (a las siete)

_____

C. According to each person's situation, tell him/her what to do. Use **tú** commands. Follow the model.

    MODELO: Tengo mucha sed y aquí hay refrescos.
           Bebe un refresco.

1. Tengo mucha hambre y hay sándwiches en la cocina.

_____

2. Tengo un examen difícil mañana.

_____

3. Yo necesito leer el periódico y mi hermano quiere que se lo dé.

_____

4. Estoy cansada y aquí hay una silla.

_____

Name _____ Section _____ Date _____

2. "Who is that man?"
"That's the man who brought the package."

_____

_____

D. You have invited your classmates to a party. Write detailed instructions for them on how to get to your house from the university. (Note: **autopista**—*freeway*)

_____

_____

_____

_____

_____

_____

_____

_____

_____

_____

A. Fill in the chart with the appropriate **tú** command forms.

	Affirmative Command	*Negative Command*
1. hablar		
2. comer		
3. escribir		
4. hacerlo		
5. venir		
6. bañarse		
7. afeitarse		
8. dormirse		
9. ponérselo		
10. ir		
11. ser		
12. vendérmelo		
13. levantarse		
14. tener		
15. salir		
16. decírselo		

B. Someone is asking you for instructions. Tell this person what to do, using **tú** commands and the cues provided. Follow the model.

MODELO: Aquí está la mesa. ¿Dónde la pongo?   (en la cocina)
Ponla en la cocina.

1. ¿Con quién voy a la tienda?   (con Aurora)

_____

2. ¿Qué les compro a los chicos?   (un refrigerador)

_____

5. Necesito comprar estampillas.

   _____

6. No puedo venir esta tarde, pero puedo venir esta noche.

   _____

7. No puedo llamar a mi amiga hoy, pero puedo llamarla mañana.

   _____

8. No puedo trabajar tiempo completo.

   _____

9. Nora tiene mi dinero y yo lo necesito.

   _____

10. Es tarde y tengo sueño.

    _____

D. Write the questions that would elicit each statement given as a response, using **qué** or **cuál** as appropriate.

1. _____

   Mi apellido es Torales.

2. _____

   Mi número de teléfono es 8-75-43-30.

3. _____

   El pasaporte es un documento que se necesita para viajar.

4. _____

   Mi dirección es Avenida Olmos, número 436, Lima.

5. _____

   Mi número de seguro social es 756-89-6523.

6. _____

   El polo es un deporte (*sport*) que se juega a caballo.

E. Look at the pictures below, and then complete each sentence with either the indicative or the subjunctive.

1. Vamos a un _____

   donde _____

   _____ .

2. ¿Hay algún _____

   donde _____

   _____ ?

3. Tengo una empleada _____

   _____

   _____ .

4. Necesito una _____

   _____

   _____ .

5. Tengo una amiga que _____

   _____

   _____ .

6. No conozco a nadie que _____

   _____

   _____ .

204   *Lección 13, Workbook Activities*

7. Hay un señor que _____

_____

_____ .

8. No hay nadie que _____

_____

_____ .

F. Change the following sentences, according to the new beginnings.

1. Conozco a muchas personas que son colombianas.

   No conozco a nadie que _____ .

2. Tengo una casa que tiene garaje para tres coches.

   Busco _____ .

3. En este edificio hay muchos apartamentos que están amueblados.

   En este edificio no hay ningún _____ .

4. Hay muchas personas que quieren vivir en ese barrio.

   No hay nadie que _____ .

5. No hay nadie que pueda estudiar y trabajar al mismo tiempo.

   Hay muchas personas que _____ .

6. Conozco a un señor que puede arreglar (fix) el aire acondicionado.

   ¿Hay alguien que _____ ?

7. Aquí no hay nadie que gane más de 50.000 dólares al año.

   Aquí hay dos personas que _____ .

8. Hay una secretaria que puede trabajar tiempo completo.

   Necesito una secretaria que _____ .

9. Quiero una casa que tenga un jardín grande.

   Vivo en una casa que _____ .

10. Hay un apartamento barato que queda en la Avenida San Martín.

    Busco un apartamento _____ .

G. **¿Cómo se dice...?** Write the following dialogues in Spanish.

1. "We need a house that has four bedrooms."
   "I don't think that you can find one for less than one hundred sixty thousand dollars."

   _____

   _____

   _____

2. "Come here, Ester. Do me a favor. Bring me a pillow and a blanket."
   "I can't. I'm busy. Tell David to bring them to you."

   _____

   _____

3. "Tell me, Ramiro. What's your address?"
   "385 Maceo Street. Write it down."

   _____

   _____

4. "Do you know where I can buy a house that is big, comfortable, and inexpensive?"
   "Yes, but not in this neighborhood."

   _____

   _____

   _____

5. "Is there anybody here who speaks Spanish?"
   "Yes, there are two girls who speak Spanish."

   _____

   _____

   _____

6. "I'm looking for an apartment that's not very expensive."
   "We live in an apartment that's not expensive and that is in a good neighborhood."

   _____

   _____

   _____

H. **Crucigrama**

Horizontal

2. sillón
6. cuarto donde comemos
7. manta
10. La cocina tiene un horno de _____.
11. Las necesitamos para las ventanas.
12. Mi coche tiene aire _____.
13. Tengo que usarla si quiero leer por la noche.
14. decidir: tomar una _____
17. lo que pagamos para alquilar
18. Necesito una _____ de noche.
21. Hay muchas rosas en mi _____.

22. Generalmente hay dos en la cama.
23. Necesito un _____ para mirar televisión.
25. Tengo una en mi cama.
26. sueldo

Vertical

1. El _____ de mi cama es muy cómodo.
3. Allí ponemos la ropa interior (*underwear*).
4. ¿Trabajas medio dia o _____ completo?
5. cuarto donde dormimos
6. La casa tiene _____ central.
8. No es muy inteligente. Siempre dice _____.
9. Si no tenemos lavaplatos, lavamos los platos en el _____.

12. No quiere bailar... no quiere cantar... ¡Es un _____!
15. mueble que usamos para sentarnos
16. No le gusta su casa; piensa _____.
17. que tiene muebles
19. No hay ascensor. Tenemos que usar la _____.
20. Roberto piensa _____ con su novia.
24. Estoy enojada porque mi hermano no me hace _____.

I. **¿Qué pasa aquí?** Look at the illustration and answer the following questions.

1. ¿En qué parte de la casa están las chicas?

   _____

2. ¿Qué muebles hay en el cuarto?

   _____

3. ¿La casa tiene calefacción o aire acondicionado?

   _____

4. ¿Qué hay en la ventana?

   _____

5. Beatriz y Lucía quieren mudarse. ¿Qué tipo de barrio busca Beatriz?

   _____

6. ¿Cuántos dormitorios quiere Beatriz que tenga la casa nueva?

   _____

7. Beatriz piensa que no van a poder comprar la casa que ella quiere a menos que ganen ¿qué?

   _____

8. ¿Qué tipo de casa quiere Lucía?

_____

9. ¿Lucía trabaja medio día?

_____

10. ¿Julia ya tomó una decisión?

_____

11. ¿A quién va a llamar Julia?

_____

Para leer

Anuncios clasificados

Se vende: casa con cinco dormitorios, sala, comedor, cocina grande y tres cuartos de baño. Calefacción central y aire acondicionado. Garaje para tres coches, piscina y jardín. Situada en un barrio elegante, cerca de escuelas y de la playa. Precio: $450.000. Para más información, llame al teléfono 892-5740 de dos a seis de la tarde. Pregunte por la señora Montejo.

Se alquila: en edificio moderno, apartamento amueblado, con dos dormitorios, sala, dos baños y cocina pequeña con lavaplatos, horno microondas y refrigerador. Garaje. Situado cerca del centro. Alquiler: ($1200 al mes. El precio incluye la electricidad y el agua. Llame al teléfono 763-4102.

¡Conteste!

1. Oscar y Luisa Montalvo tienen seis hijos. ¿Cree Ud. que es mejor que compren la casa o que alquilen el apartamento? ¿Por qué?

_____

_____

2. A Paula le gusta mucho cocinar. ¿Qué ventaja (*advantage*) tiene si compra la casa?

_____

3. La familia Vargas-Peña tiene tres coches. ¿Qué tipo de casa cree Ud. que necesita?

_____

4. Marisa y Carmen trabajan en el centro y no tienen coche. ¿Qué ventaja tienen si alquilan el apartamento?

_____

5. Los Ugarte ganaron la lotería. ¿Cree Ud. que van a mudarse a la casa o al apartamento?

   _____

6. Los Varela tienen dos hijos adolescentes a quienes les encanta nadar. ¿Por qué cree Ud. que ellos quieren que sus padres compren la casa?

   _____

   _____

7. Alina y Marcos no tienen dinero para comprar muebles y tienen un coche. ¿Cree Ud. que ellos quieren alquilar el apartamento? ¿Por qué?

   _____

   _____

8. ¿Qué otra ventaja tienen Alina y Marcos si alquilan el apartamento?

   _____

Laboratory Activities

I. Para escuchar y contestar

Diálogo: *Se alquila un apartamento*

The dialogue will be read first without pauses. Pay close attention to the speakers' intonation and pronunciation.

David y su esposa Lucía son colombianos y están estudiando en la Universidad Nacional Autónoma de México. Viven en una pensión, pero quieren mudarse a un apartamento que esté más cerca de la universidad.

LUCÍA —David, en el periódico anuncian un apartamento que está en un buen barrio y tiene dos dormitorios.

DAVID —¡A ver! Dame el periódico. (*Lee el anuncio.*)

Anuncios clasificados
Se alquila: apartamento amueblado: dos recámaras, sala, comedor, cocina y cuarto de baño. Calefacción central, aire acondicionado. Colonia 1. Para obtener más información, llame al teléfono 481-3520 de 1 a 5 de la tarde. Alquiler: $ 1.200.

LUCÍA —Podemos llamar para verlo.

DAVID —No sé... Es muy caro para nosotros, Lucía. Además, necesitamos un apartamento que tenga garaje.

Al día siguiente, en cuanto vuelven de la universidad, David y Lucía van a ver el apartamento.

LUCÍA —¡Me encantan los muebles y las cortinas!

DAVID —Con el sueldo que nosotros ganamos no vamos a poder pagar el alquiler.

LUCÍA —Entonces, en vez de trabajar medio día podemos trabajar tiempo completo.

DAVID —¡Estás loca! No hay nadie que pueda trabajar tiempo completo y al mismo tiempo estudiar en la universidad.

LUCÍA —¡No seas tan pesimista, David!

DAVID —No soy pesimista; soy realista. Además, vamos a necesitar dinero para comprar mantas, sábanas, fundas y utensilios de cocina.

LUCÍA —(*No le hace caso y va a la cocina.*) David, ven a la cocina. Mira, tiene refrigerador, microondas, lavaplatos, una cocina nueva... y un fregadero grande.

DAVID —No podemos tomar una decisión hasta ver otros apartamentos.

LUCÍA —Pero David, no vamos a encontrar ningún otro apartamento que sea tan bueno como éste.

DAVID —Tal vez no... pero no podemos pagar el alquiler de este apartamento.

LUCÍA —Oye, ¿y si ganamos la lotería?

DAVID —Hazme un favor, no digas tonterías. ¡Vámonos!

LUCÍA —(*Bromeando*) ¡Aguafiestas!

DAVID —Es que... tú te casaste con un hombre pobre, mi amor.

Now the dialogue will be read with pauses for you to repeat what you hear. Imitate the speakers' intonation patterns.

Preguntas y respuestas

You will now hear questions about the dialogue. Answer each one, omitting the subject. The speaker will confirm your response. Repeat the correct response.

Situaciones

The speaker will present several situations based on the dialogue. Respond appropriately in Spanish to each situation. The speaker will confirm your response. Repeat the correct response. Follow the model.

> MODELO: You tell a real estate agent that you need an apartment that is near the university.
> **Necesito un apartamento que esté cerca de la universidad.**

II. Pronunciación

- When you hear the number, read the corresponding sentence aloud. Then listen to the speaker and repeat the sentence.

    1. Aquí anuncian un apartamento.
    2. Se alquila apartamento amueblado.
    3. Tiene calefacción central y aire acondicionado.
    4. Al día siguiente vuelven a la universidad.
    5. No soy pesimista sino realista.
    6. La cocina tiene refrigerador.
    7. No podemos tomar una decisión.
    8. Vamos a ganar la lotería.

III. ¡Vamos a practicar!

A. Answer each question you hear with the familiar **tú** command of the corresponding verb. The speaker will confirm your response. Repeat the correct response. Follow the model.

> MODELO: —¿No vas a ir al baile?
> —**No, ve tú.**

B. Answer each question you hear in the negative, using the familiar **tú** command and the corresponding object pronoun. Remember that the negative **tú** command forms are the same as **tú** forms of the present subjunctive. The speaker will confirm your response. Repeat the correct response. Follow the model.

> MODELO: —¿Abro la puerta?
> —**No, no la abras.**

C. Respond to each statement you hear by using **qué** or **cuál** to formulate the question that would elicit the statement as an answer. The speaker will confirm your response. Repeat the correct response. Follow the model.

> MODELO: —Mi dirección es calle Libertad, número 120.
> —**¿Cuál es su dirección?**

D. Answer the following questions, using the present subjunctive and the cues provided. The speaker will confirm your response. Repeat the correct response. Follow the model.

> MODELO: —¿Qué necesita?   (casa—ser cómoda)
> —**Necesito una casa que sea cómoda.**

1. (casa—tener garaje)
2. (secretaria—hablar español)
3. (empleado—saber francés)
4. (empleo—pagar bien)
5. (a alguien—poder limpiarlo)
6. (alquilar apartamento—ser grande)
7. (coche—no costar mucho)
8. (apartamento—estar amueblado)

E. Answer the following questions, using the present indicative and the cues provided. The speaker will confirm your response. Repeat the correct response. Follow the model.

> MODELO: —¿No hay nadie que sepa hablar inglés?   (chica)
> —**Sí, hay una chica que sabe hablarlo.**

1. (muchas personas)
2. (señor)
3. (señora)
4. (estudiante)
5. (chico)
6. (dos)
7. (muchas)
8. (dos personas)

IV. Ejercicios de comprensión

A. You will now hear some statements. Circle **L** if it is logical (**lógico**) and **I** if it is illogical (**ilógico**). The speaker will confirm your response.

1. L I
2. L I
3. L I
4. L I
5. L I
6. L I
7. L I
8. L I
9. L I
10. L I

B. Before listening to the dialogues in this section, study the comprehension questions below. Reviewing the questions ahead of time will help you to remember key information as you listen.

1. ¿Qué dice Alina que tienen que hacer ella y Marcos?
2. ¿Ellos viven muy cerca del trabajo de Marcos?
3. ¿Qué está leyendo Marcos?
4. ¿En qué calle está el apartamento que se anuncia?
5. ¿Cuántos dormitorios tiene?
6. ¿Qué más tiene?
7. ¿Cuándo pueden ir a verlo?
8. ¿A qué hora va a estar Marcos en su casa?
9. ¿Le gusta mucho el apartamento a Teresa?
10. ¿Está amueblado el apartamento?
11. ¿Qué les va a regalar la mamá de Teresa?
12. ¿Para qué cuarto necesitan muebles?
13. ¿Qué muebles tienen para el dormitorio?
14. ¿Tienen colchón?
15. ¿Qué necesitan hacer para poder mudarse?

Listen carefully to each dialogue and then answer the questions, omitting the subject. The speaker will confirm your response. Repeat the correct response.

V. Para escuchar y escribir

Tome nota

You will hear a conversation between a real estate agent and a client. First listen carefully for general comprehension. Then, as you listen for a second time, fill in the agent's form.

```
                        Agencia "La Cubana"
                        Calle 8, número 325
                          Miami, Florida
                        Tel.  (305) 428-6345

   ❏ Se vende              ❏ Casa              ❏ Amueblado(-a)
   ❏ Se alquila            ❏ Apartamento       ❏ Sin muebles

   Dirección: _____

   Número de dormitorios      _____

   Número de cuartos de baño  _____

   ❏ Sala                  ❏ Calefacción
   ❏ Comedor               ❏ Aire acondicionado
   ❏ Salón de estar        ❏ Lavaplatos
   ❏ Jardín                ❏ Refrigerador
   ❏ Piscina
   ❏ Garaje   (_____ coches)

   Precio: _____

   Puede verse:    Días  _____

                   Horas _____
```

Dictado

The speaker will read six sentences. Each sentence will be read twice. After the first reading, write what you heard. After the second reading, check your work and fill in what you missed.

1. _____

2. _____

3. _____

4. _____

5. _____

6. _____

Workbook Activities

A. These people are talking about their plans for this weekend. Complete the following dialogues, using the present indicative or the present subjunctive of the verbs given.

1. —¿Tú vas a limpiar la casa?

   —Sí, yo siempre limpio la casa cuando tú _____ (cocinar).

   —¿Vas a llamar a Sonia?

   —Sí, la voy a llamar en cuanto _____ (terminar) de limpiar el baño.

2. —Tan pronto como ellos _____ (traer) el periódico voy a ver qué película pasan.

   —Cuando tú _____ (decidir) qué película quieres ir a ver me lo dices.

3. —¿Adónde vamos a ir a cenar el sábado?

   —No podemos decidirlo hasta que _____ (venir) los chicos y nosotros _____

   (hablar) con ellos.

   —Yo no sé por qué nosotros tenemos que esperar hasta que ellos _____ (venir).

4. —¿Ya llamó Sandra? Ella generalmente llama en cuanto _____ (llegar) de la universidad.

   —Sí , y quiere que la llames cuando _____ (tener) tiempo. Creo que quiere ir al cine

   con nosotros.

B. Nora is trying to do many things. Say what they are by completing the following sentences with the verbs given in parentheses.

1. Voy a comprar verduras para que Eva _____ (preparar) una ensalada y también voy a

   comprar salsa de tomate para que tú _____ (hacer) ravioles.

2. No puedo ir al cine a menos que Uds. _____ (llevarme) y tampoco puedo comprar las

   entradas sin que papá _____ (darme) el dinero.

3. Voy a limpiar la casa en caso de que mi suegra _____ (venir) a visitarme y voy a preparar una

   ensalada de pollo para que _____ (poder) comer algo cuando llegue. Quiero hacer todo esto

   antes de que los niños _____ (venir) de la escuela.

4. Quiero llevar a los niños al circo para que _____ (divertirse), pero no puedo ir a menos que

   ellos _____ (darse) prisa porque ya es tarde.

5. Yo voy a ponerme a dieta con tal de que tú _____ (ponerte) a dieta también.

C. Indicate what you and your roommate should do to get ready for dinner guests. Use the first person plural commands and the cues provided.

1. levantarse a las seis

   _____

2. limpiar la casa

   _____

3. ir al mercado, pero no ir antes de las ocho

   _____

4. preparar la comida

   _____

5. hacer un flan para el postre

   _____

6. pedirle prestados los cubiertos a Marta

   _____

7. poner la mesa

   _____

8. bañarse y vestirse

   _____

D. Review of the command forms.
   Complete the following dialogues with the appropriate command forms of the verbs given.

1. —Pablo, _____ (ir) al supermercado y _____

   (comprar) frutas. _____ (Traer) también zanahorias y apio.

   —Ahora no puedo. _____ (Decirle) a Teresa que vaya y

   _____ (darle) el dinero.

2. —Laura, _____ (venir) aquí, _____ (hacerme)

   un favor. _____ (Poner) la mantequilla en el refrigerador. No

   _____ (dejarla) en la mesa.

—Sí, señora. _____ (Decirme), ¿qué quiere que prepare para la cena?

—_____ (Preparar) una ensalada, pero no _____

(ponerle) mucho vinagre.

3. —¿Vamos al teatro hoy?

—No, no _____ (ir) al teatro. _____ (Ir) al cine.

—Oye, mañana tenemos que levantarnos muy temprano.

—Entonces _____ (acostarse) temprano esta noche. ¿A qué hora tenemos

que estar en el aeropuerto?

—A las siete.

—Bueno, _____ (salir) de la casa a las seis.

—¿Le decimos a mamá que venga a quedarse con los chicos?

—Sí, _____ (llamarla) ahora mismo.

4. —Srta. Díaz, _____ (hacerme) un favor. _____

(Traerme) la carta del Sr. Martínez y _____ (ponerla) en mi escritorio.

—Muy bien. ¿Le doy los documentos a Luisa?

—No, no _____ (dárselos) a ella; _____

(dárselos) a Marcos porque él tiene que traducirlos. Ah, _____ (llamar)

al Sr. Varela y _____ (decirle) que venga mañana.

—¿Luisa y yo podemos ir a almorzar a las doce?

—Sí, _____ (ir), pero _____ (volver) antes de las dos.

E. Answer the following questions, using the cue and omitting the subject.

1. ¿A qué hora se abre la oficina de correos?   (a las diez)

_____

2. ¿Cómo se sale de este edificio?   (por aquella puerta)

_____

3. ¿A qué hora se cierran los bancos?   (a las tres)

_____

4. ¿Qué idioma se habla en Río de Janeiro?   (portugués)

   _____

5. ¿Como se dice "*carrot*" en español?

   _____

F. The names of 30 things found in supermarkets are hidden in the puzzle. Find them by reading horizontally, vertically, and diagonally, and list them with their corresponding definite articles.

A	H	U	E	V	O	S	A	H	E	L	A	D	O	T	U	S	R	T	U	O	Z
Z	J	C	C	A	M	A	R	O	N	E	S	J	B	S	T	R	A	L	M	O	S
U	P	A	B	C	F	H	O	B	Z	T	A	P	I	O	J	A	R	N	O	S	T
C	A	R	N	E	B	A	R	Z	O	P	Q	O	E	R	T	P	V	Y	D	O	A
A	N	O	R	B	I	S	O	P	A	J	B	C	K	R	O	N	A	V	A	I	Z
R	M	A	T	O	Z	T	V	L	M	A	N	Z	A	N	A	R	C	V	A	V	A
M	A	N	P	L	E	C	H	U	G	A	O	T	O	R	T	A	M	C	O	L	O
M	A	M	E	L	O	N	C	H	V	T	N	A	R	A	N	J	A	L	B	C	V
E	J	C	S	A	B	L	V	Z	C	A	L	T	O	M	A	T	E	G	I	L	I
L	B	A	C	D	L	P	A	R	A	M	A	R	E	P	O	L	L	O	C	A	N
O	R	S	A	L	S	A	Z	N	Z	N	D	L	O	Q	F	T	O	P	R	D	A
C	T	K	D	M	O	A	P	F	G	O	A	J	K	A	U	P	F	P	O	I	G
O	U	M	O	K	P	U	A	H	L	O	S	H	L	M	V	I	H	Q	G	F	R
T	I	O	D	Z	R	I	B	G	O	N	S	M	O	N	J	L	L	M	H	G	E
O	M	P	I	V	T	N	Ñ	I	B	Z	T	T	N	R	K	Q	A	L	G	N	A
N	O	T	N	O	O	A	C	A	R	R	O	Z	A	L	I	Z	B	B	A	H	E
C	C	O	R	D	E	R	O	M	K	B	V	F	R	E	S	A	S	C	E	P	F
M	A	R	G	A	R	I	N	A	D	A	T	O	R	O	N	J	A	C	D	U	D

1. _____ _____   11. _____ _____

2. _____ _____   12. _____ _____

3. _____ _____   13. _____ _____

4. _____ _____   14. _____ _____

5. _____ _____   15. _____ _____

6. _____ _____   16. _____ _____

7. _____ _____   17. _____ _____

8. _____ _____   18. _____ _____

9. _____ _____   19. _____ _____

10. _____ _____   20. _____ _____

21. _____ _____   26. _____ _____

22. _____ _____   27. _____ _____

23. _____ _____   28. _____ _____

24. _____ _____   29. _____ _____

25. _____ _____   30. _____ _____

G.   ¿Cómo se dice...? Write the following dialogues in Spanish.

1. "Anita, let's go to the movies tonight."
   "No, let's not go to the movies. Let's go to a concert."

   _____

   _____

2. "Let's take Paquito to the zoo . . . "
   "I don't feel like going to the zoo today. Why don't we take him to the amusement park?"
   "I don't know . . . Let's stay home!"

   _____

   _____

   _____

   _____

3. "As soon as we finish the work, let's have lunch."
   "Okay. My treat!"

   _____

   _____

4. "Are you going to do the shopping, Mrs. Ramírez?"
   "Yes. Well, . . . now that I think about it, I can't go unless Ana stays with the children."

   _____

   _____

   _____

5. "Does the market opens at six?"
   "Yes, and it closes at midnight."

   _____

   _____

H. Crucigrama

Horizontal

2. apurarse: darse _____
3. Nos divertimos mucho en la montaña _____.
4. Le pongo aceite y _____ a la ensalada.
6. ¿Cómo se dice "*cabbage*"?
9. Necesitamos papel _____ para el baño.
10. el vegetal favorito de Bugs Bunny
13. Voy a ponerme a _____.
14. Compramos vegetales en el _____.
19. toronja
20. Se la ponemos al café.
23. Eva le dio una a Adán.
24. día de fiesta
25. Vamos allí para ver animales.
26. No tengo _____ de hacer nada hoy.
28. opuesto de **primero**
29. Fue _____ como la mejor película del año.

Vertical

1. Disneylandia es un parque de _____.
4. vegetales
5. fruta cítrica
7. Necesito la _____ de espectáculos.
8. Tengo una _____ con Carlos. Vamos a ir bailar.
11. Lo usamos para hacer salsa.
12. ¿Quieres margarina o _____?
13. doce de algo
15. Pide un _____ caliente.
16. fruta cítrica
17. ¿Cómo se dice "*celery*"?
18. Vamos al cine para verla.
21. ¿Cómo se dice "*watermelon*"?
22. melocotón
27. Vamos a la primera _____.

I. **¿Qué pasa aquí?** Look at the illustration and answer the following questions.

1. ¿Ud. cree que Sergio y Claudia trabajan hoy? ¿Por qué o por qué no?

_____

2. ¿Qué día de la semana no está abierto el supermercado?

_____

3. ¿A qué hora se cierra el supermercado?

   _____

4. ¿Ud. cree que Sergio va a preparar comida italiana o comida china? ¿Cómo lo sabe Ud.?

   _____

5. ¿Qué frutas va a comprar Sergio?

   _____

6. ¿Qué vegetal necesita?

   _____

7. ¿Cree Ud. que Claudia necesita ponerse a dieta?

   _____

8. ¿Para quién va a preparar Claudia una cena especial?

   _____

9. ¿Adónde quiere ir Marcelo?

   _____

10. ¿Ud. cree que Claudia tiene ganas de ir a bailar o de ir al teatro?

   _____

Laboratory Activities

I. Para escuchar y contestar

Diálogo: *Una cita*

The dialogue will be read first without pauses. Pay close attention to the speakers' intonation and pronunciation.

Oscar y Jorge, dos estudiantes cubanoamericanos que viven en Miami, tienen una cita esta noche con dos amigas venezolanas: Elsa y Adela. Los chicos van a preparar una cena para ellas en su apartamento.

Ahora Oscar está leyendo la guía de espectáculos para ver qué película ponen.

CINE REX

Última semana

AMOR PROHIBIDO

con Verónica Montiel y Ricardo Mirabal

¡Nominada como la mejor película del año!

Primera función: 3 de la tarde
Última función: 9 de la noche

OSCAR —¿Tienes ganas de ver una buena película?
JORGE —Sí, pero no vayamos a la primera función porque es muy temprano.
OSCAR —Bueno, y cuando termine la película podemos ir a la cafetería Versailles a tomar algo.
Yo invito.
JORGE —Buena idea, pero no nos quedemos hasta muy tarde porque mañana tenemos que trabajar.
OSCAR —No, hombre, mañana es feriado.
JORGE —Es verdad. Creo que el supermercado ya está abierto. Vamos ahora para comprar las cosas que necesitamos para la cena.
OSCAR —Sí, el mercado se abre a las siete.

En el supermercado.

OSCAR —Necesitamos muchas cosas: mantequilla, leche, una docena de huevos, pan, azúcar...
JORGE —¿No vamos a comprar carne?
OSCAR —Sí, compremos carne, pescado y pollo. También aceite, dos latas de frijoles y seis de salsa de tomate.
JORGE —No, no compremos tanta salsa de tomate, a menos que quieras comer comida italiana por el resto del mes.

OSCAR —Tienes razón. A ver... necesitamos manzanas, uvas, naranjas, melón, toronjas y peras para la ensalada de frutas...

JORGE —¿Dónde están las verduras? Tenemos que comprar lechuga, papas, zanahorias, cebollas y tomates.

OSCAR —¡Caramba! Ahora que lo pienso esto va a costar una fortuna. Vamos a tener que ponernos a dieta.

JORGE —De acuerdo. Pongámonos a dieta, con tal que podamos comer perros calientes y hamburguesas de vez en cuando.

OSCAR —Oye, apurémonos porque tenemos que limpiar el apartamento y preparar la cena antes de que vengan las chicas.

JORGE —Sí, pero llamémoslas en cuanto lleguemos a casa para preguntarles si quieren ir al cine o si prefieren ir a bailar.

Now the dialogue will be read with pauses for you to repeat what you hear. Imitate the speakers' intonation patterns.

Preguntas y respuestas

You will now hear questions about the dialogue. Answer each one, omitting the subject. The speaker will confirm your response. Repeat the correct response.

Situaciones

The speaker will present several situations based on the dialogue. Respond appropriately in Spanish to each situation. The speaker will confirm your response. Repeat the correct response. Follow the model.

MODELO: You tell a foreign visitor that July 4th is a holiday in the United States.
El cuatro de julio es feriado en los Estados Unidos.

II. Pronunciación

- When you hear the number, read the corresponding sentence aloud. Then listen to the speaker and repeat the sentence.

1. Necesitamos mantequilla y una docena de huevos.
2. Están leyendo la guía de espectáculos.
3. Tenemos que comprar zanahorias y cebollas.
4. Quiero ver una buena película.
5. Necesitamos aceite y dos latas de frijoles.
6. Pongámonos a dieta este mes.
7. Ésta es la última función.
8. Llamémoslas en cuanto lleguemos a casa.

III. ¡Vamos a practicar!

A. Rephrase each statement you hear, using the cue provided. The speaker will confirm your response. Repeat the correct response. Follow the model.

MODELO: Me escribió cuando llegó.   (Me va a escribir)
Me va a escribir cuando llegue.

1. (Voy a hacer las compras)
2. (Va a venir)
3. (Van a esperar)
4. (Voy a salir)

224 *Lección 14, Laboratory Activities*

B. Answer the following questions in the affirmative, using the cues provided. The speaker will confirm your response. Repeat the correct response. Follow the model.

> MODELO: —¿Me vas a llevar al cine? (no llover)
> —**Sí, te voy a llevar con tal que no llueva.**

1. (tener tiempo)   2. (tú—darme dinero)

Now answer the questions in the negative, using the cues provided. Follow the new model.

> MODELO: —¿Van a hacer Uds. la ensalada? (Uds.—traernos las frutas)
> —**No podemos hacerla sin que Uds. nos traigan las frutas.**

3. (Uds.—darnos dinero)   4. (Uds.—prestarnos el coche)

Now answer the following questions, using the cues provided. Follow the new model.

> MODELO: —¿Piensas ir al zoológico? (llover)
> —**Pienso ir a menos que llueva.**

5. (hacer frío)   6. (yo—tener que trabajar)

C. Change what you hear to the first-person plural. The speaker will confirm your response. Repeat the correct response. Follow the model.

> MODELO: Vamos a caminar.
> **Caminemos.**

D. Respond to each question you hear in the affirmative, using a first-person plural command. The speaker will confirm your response. Repeat the correct response. Follow the model.

> MODELO: —¿Nos sentamos?
> —**Sí, sentémonos.**

Now respond to each question in the negative. Follow the new model.

> MODELO: —¿Le damos el dinero?
> —**No, no se lo demos.**

E. Answer the following questions, using the cues provided. The speaker will confirm your response. Repeat the correct response. Follow the model.

> MODELO: —¿A qué hora se abre el zoológico? (a las siete)
> —**Se abre a las siete.**

1. (español)   4. (en el correo)   7. (inglés y francés)
2. (a las nueve)   5. (en California)   8. (a las seis)
3. (fumar)   6. (español)

IV. Ejercicios de comprensión

A. You will now hear some statements. Circle L if it is logical (**lógico**) and I if it is illogical (**ilógico**). The speaker will confirm your response.

1. L I
2. L I
3. L I
4. L I

5. L I
6. L I
7. L I

8. L I
9. L I
10. L I

B. Before listening to the dialogues in this section, study the comprehension questions below. Reviewing the questions ahead of time will help you to remember key information as you listen.

1. ¿Adónde fueron anoche Estela y su esposo?
2. ¿Por qué fueron allí?
3. ¿Qué comieron?
4. ¿Qué comieron de postre?
5. ¿Cuándo va a llamar Isabel a Estela?
6. ¿Adónde quiere ir José esta noche?
7. La película que quiere ver José, ¿es una comedia?
8. ¿Qué prefiere ver Carmen?
9. ¿Qué dice José de la película?
10. ¿Qué quiere ir a ver Carmen el sábado?
11. ¿A qué hora viene José por Carmen?
12. ¿Dónde van a sentarse Silvia y Eva?
13. ¿Qué quiere hacer Eva antes de que venga el mozo?
14. ¿Para qué quiere llamarlo?
15. ¿Por qué le dice Silvia a Eva que no lo llame?
16. ¿Quién ve a Carlos todos los días?

Listen carefully to each dialogue and then answer the questions, omitting the subject and replacing direct objects with direct object pronouns. The speaker will confirm your response. Repeat the correct response.

V. Para escuchar y escribir

Tome nota

You will hear a conversation between two roommates as they discuss what they are going to buy at the supermarket. First listen carefully for general comprehension. Then, as you listen for a second time, fill in the shopping list.

Frutas	Verduras	Carnes	Otros
1. _____	1. _____	1. _____	1. _____
2. _____	2. _____	2. _____	2. _____
3. _____	3. _____	3. _____	3. _____
4. _____	4. _____		4. _____
5. _____	5. _____		5. _____

Dictado

The speaker will read six sentences. Each sentence will be read twice. After the first reading, write what you heard. After the second reading, check your work and fill in what you missed.

1. _____

2. _____

3. _____

4. _____

5. _____

6. _____

Check Your Progress

Lección 13

A. Complete the following paragraphs, using the Spanish equivalent of the words in parentheses.

1. _____ (*Tell me*), Anita, ¿puedes ir a ver el apartamento hoy?

   Si puedes, _____ (*call*) a Rocío y _____ (*tell her*)

   que vaya con nosotros. _____ (*Ask*) a tu papá si podemos usar su coche,

   pero... ¡_____ (*don't tell him*) que voy a manejar yo!

2. Vamos a comer, Raulito. ¡_____ (*Wash*) las manos!

   _____ (*Sit*) aquí, en esta silla. _____ (*Put*) estos

   platos en la mesa, por favor, y _____ (*bring*) los vasos.

B. You have just met a new classmate. Ask him:

1. what his last name is.

   _____

2. what his phone number is.

   _____

3. what his favorite class is.

   _____

C. You are moving to a Spanish-speaking country, where you have friends. Tell them what kind of house or apartment you need, what kind of car you need, and what kind of job you need.

_____

_____

_____

_____

_____

D. Answer the following questions, using complete sentences.

1. ¿Venden alguna casa en tu barrio que sea grande y elegante?

   _____

2. ¿Conoces a alguien que quiera vender su casa?

   _____

3. ¿Conoces a alguien que tenga mucho dinero?

   _____

4. ¿Conoces a alguien que necesite una recepcionista?

   _____

5. ¿Hay alguien en tu clase de español que hable francés?

   _____

6. Tú eres gerente (*manager*) de una compañía internacional. ¿Qué clase (*kind*) de secretario(-a) buscas?

   _____

   _____

Lección 14

A. Complete the following sentences in your own words, using either the present indicative or the present subjunctive.

1. Mis padres siempre me dan dinero cuando _____.

2. No puedo comprar las sábanas sin que _____.

3. Me voy a mudar tan pronto como _____.

4. Mis amigos me van a llamar en cuanto _____.

5. Mi hermano siempre me espera hasta que _____.

6. Voy a limpiar la casa en caso de que _____.

7. No voy a alquilar el apartamento a menos que _____.

B. Write the following dialogues in Spanish.

1. "What is used to make wine?"
   "Grapes."

   _____

   _____

2. "Are you going to buy the curtains?"
   "I cannot buy them unless you give me the money."

   _____

   _____

C. Answer the following questions, using first-person plural commands (if appropriate) and the cues provided. Follow the model.

   MODELO: —¿Dónde estudiamos?   (en casa)
   —Estudiemos en casa.

   1. ¿Dónde almorzamos?   (en la cafetería)

   _____

   2. ¿Qué hacemos después de comer?   (ir al cine)

   _____

   3. ¿A quién le pedimos el dinero?   (a Juan)

   _____

   4. ¿Qué compramos en el supermercado?   (mantequilla y frutas)

   _____

   5. ¿A qué hora nos levantamos mañana?   (a las seis)

   _____

D. In a brief paragraph, describe a dinner party you went to recently. Include who the guests were, where the dinner was held and why, the types of foods and beverages that were served, and if you and the other guests had a good time.

   _____

   _____

   _____

   _____

   _____

   _____

   _____

   _____

Workbook Activities

A. Write the following past participles in Spanish.

1. brought _____

2. covered _____

3. done _____

4. opened _____

5. used _____

6. said _____

7. written _____

8. eaten _____

9. returned _____

10. died _____

11. wrapped _____

12. broken _____

13. gone _____

14. changed _____

15. seen _____

16. received _____

17. read _____

18. put _____

B. Complete each sentence so that it describes the corresponding illustration.

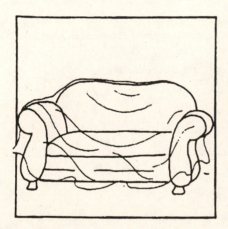  

1. El sofá está _____

_____.

2. Los niños _____

_____.

3. La _____

_____.

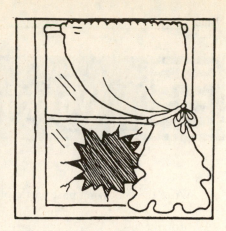

4. Los _____

_____.

5. La carta _____

_____ en español.

6. La _____

_____.

7. Los hombres _____

_____ en la esquina.

8. La mujer _____

_____.

9. El baño _____

_____.

C. Mariana's parents have been away. Tell them what has happened during their absence, using the present perfect of the verbs given.

1. Rosalía / ir de compras

_____

2. Carlos y Amalia / decidir mudarse

_____

3. Graciela / no hacer nada

_____

4. yo / escribir un poema

_____

5. Ernesto / volver de su viaje a Chile

_____

6. los niños / romper la ventana

_____

7. Ada y yo / ver varios apartamentos

_____

8. Olga y Luis / comprar muebles

_____

9. Gustavo / leer dos novelas

_____

10. el Sr. Paz / abrir un restaurante

_____

D. You and I and some of our friends traveled last summer, and we did things that we had never done before. Use the past perfect to indicate what everybody had never done, according to the information provided. Follow the model.

MODELO: Los Suárez acamparon en Canadá.
Los Suárez nunca habían acampado en Canadá.

1. Yo hice un crucero (*cruise*).

_____

2. Fernando y Esperanza fueron a México.

_____

3. Tú viste las pirámides de Egipto.

_____

4. Amalia y yo comimos comida griega (*Greek*).

_____

5. Alberto escaló montañas.

_____

6. Tú y Elba viajaron por el Nilo.

_____

7. Claudia se hospedó en un castillo (*castle*).

_____

8. Mirta y Susana estuvieron en Madrid.

_____

E. Supply the missing words, according to the clues. The letters in the center column will form a sentence. Write the sentence on the line provided.

1. lino   ☐ — — —

2. Lo usamos en invierno.   — — — —☐— —

3. muy, muy barato   — —☐— —

4. dos zapatos   ☐— —

5. llevar   — — —☐—

6. tienda por departamentos — — — — — —☐—

7. hace juego   — — — — — —☐—

8. Lo usan las mujeres.   — — — — — —☐—

9. Allí ponemos la ropa.   — — — — — —☐—

10. sección de una tienda   ☐— — — — — — — — —

11. tipo de zapato   — —☐— —

12. La usan los hombres.   — — —☐— —

13. Se usa con una falda.   — — —☐— —

14. billetera   ☐— — — —

15. opuesto de **estrecho**   — — —☐— —

16. devuelvo   — — — — —☐

F. **¿Cómo se dice...?** Write the following dialogues in Spanish.

1. "Are you going to buy the red purse, Marta?"
   "Yes, because it matches my sandals."

_____

_____

2. "Tell me, Anita. Where have you put your wallet?"
   "I've put it in my purse."

   _____

   _____

3. "Did Olga exchange the boots that you had bought her, Paquito?"
   "Yes, because they were too small for her."

   _____

   _____

4. "Anita, where have you been?"
   "At the shoe store."
   "Do you want to have something to eat?"
   "Yes, because I'm starving."

   _____

   _____

   _____

5. "Are you going to go shopping, Rosa?"
   "Yes, because I have nothing to wear."

   _____

   _____

6. "Were the stores open?"
   "No, they were closed."

   _____

   _____

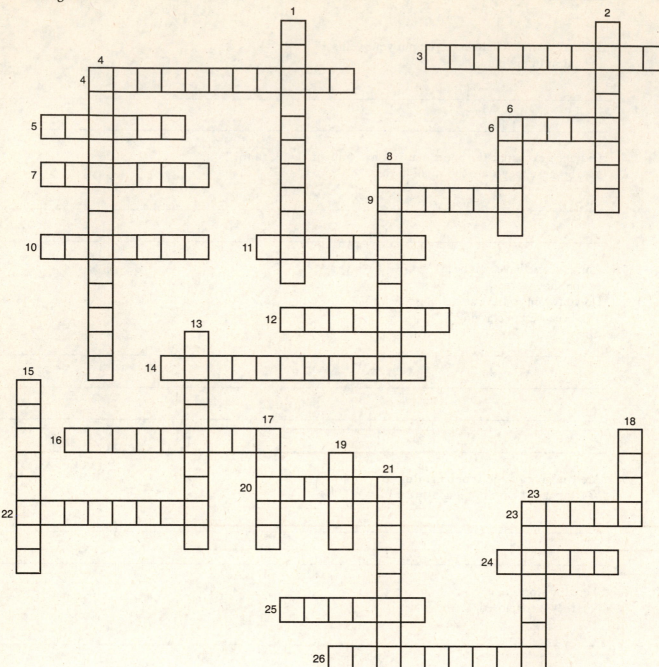

Horizontal

3. Él compra la ropa en el departamento de ropa para _____.
4. persona que trabaja en una tienda
5. armario
6. Una mujer la usa con una falda.
7. ¿Cómo se dice "*tie*"?
9. talla
10. hace juego
11. Una mujer se lo pone para dormir.
12. ni grande ni pequeña
14. rebaja
16. Compramos zapatos en la _____.
20. Un hombre la usa con un pantalón.
22. Necesito ropa _____.
23. ¿El vestido cuesta veinte dólares? ¡Es una _____!
24. Yo _____ el número siete.
25. ¿Están en el primer piso o en la _____ baja?
26. En el verano no uso zapatos; uso _____.

Vertical

1. Los hombres usan calcetines y las mujeres usan _____.
2. Allí nos probamos la ropa.
4. Es una tienda por _____.

6. ¿Cómo se dice "*boots*"?
8. No lo hacen en este país. Es _____.
13. Pongo el dinero en la _____.
15. ¿Usan el ascensor o la escalera _____?
17. opuesto de **estrecho**

18. ¿Cómo se dice "*silk*"?
19. lino
21. me quedan chicos: me _____

H. **¿Qué pasa aquí?** Look at the illustration and answer the following questions.

1. ¿Qué problema tiene Raúl?

_____

2. ¿Qué quiere comprar él?

_____

3. ¿Cree Ud. que hoy hay una liquidación en la tienda?

_____

4. ¿Cree Ud. que Jorge va a comprar los zapatos que le muestra el dependiente? ¿Por qué o por qué no?

_____

5. ¿Qué ha comprado ya Jorge?

_____

6. ¿Con quién se va a encontrar el dependiente?

   _____

7. ¿Qué ha comprado Julia para su esposo?

   _____

8. ¿Qué ha comprado para ella?

   _____

9. ¿Qué talla usa Julia?

   _____

10. ¿A qué departamentos ha ido Julia hoy?

   _____

Para leer

La cinta de José Luis

A José Luis no le gusta escribir, y por eso todos los meses les manda a sus padres una cinta, contándoles cómo le va. Ésta es la que les mandó el mes pasado.

    ¡Hola! ¿Cómo están todos? Yo estoy bien, pero muy cansado porque Carlos y yo hemos estado trabajando mucho para limpiar y arreglar° nuestro nuevo apartamento.   *fix up*
Nos mudamos el sábado pasado y, como el apartamento sólo estaba parcialmente amueblado, tuvimos que comprar una cómoda, un sofá y dos mesitas de noche. ¡Gracias por el cheque! En cuanto me gradúe° de la universidad y consiga un buen trabajo,   *I graduate*
les voy a devolver todo lo que les debo.° Bueno... ¡no creo que pueda devolvérselo todo!   *I owe*

    Ayer fui de compras porque tenían una gran liquidación en mi tienda favorita. Ya compré casi todos los regalos de Navidad. A abuelo le compré unos pañuelos y a abuela un camisón. Para Anita compré una blusa rosada y para Jorge una corbata. No les digo lo que compré para Uds. porque quiero que sea una sorpresa.

    Yo había pensado invitar a Carlos a pasar la Navidad con nosotros, pero ya lo invitaron unos tíos que viven en Rosario.[1]

    ¡Ah! Todavía estoy buscando a alguien que me lleve en coche a Córdoba[1] en diciembre; si no encuentro a nadie, voy a tomar el tren.

    Mamá, hazme un favor: dile a Silvia que me escriba o me llame por teléfono.

    Bueno, denle cariños° a toda la familia. Los veo en diciembre. ¡Chau!   *love*

---

[1]Argentinian cities

¡Conteste!

1. ¿Cuándo les mandó José Luis la cinta a sus padres?

   _____

2. ¿Se mudaron durante un fin de semana?

   _____

3. ¿El apartamento tenía todos los muebles que los muchachos necesitaban?

   _____

4. ¿José Luis ya terminó sus estudios en la universidad? (¿Cómo lo sabe Ud.?)

   _____

5. ¿Por qué fue José Luis de compras a su tienda favorita?

   _____

6. ¿Los abuelos de José Luis viven todavía? (¿Cómo lo sabe Ud.?)

   _____

7. ¿Quiénes cree Ud. que son Anita y Jorge?

   _____

8. ¿Carlos va a pasar la Navidad en Córdoba? (¿Por qué?)

   _____

9. ¿Ya ha encontrado José Luis a alguien que lo lleve a Córdoba?

   _____

10. ¿Qué quiere José Luis que haga Silvia?

   _____

Laboratory Activities

I. Para escuchar y contestar

Diálogo: *De compras en El Corte Inglés*

The dialogue will be read first without pauses. Pay close attention to the speakers' intonation and pronunciation.

ANITA —Esta mañana he abierto el armario y he llegado a la conclusión de que ni tú ni yo tenemos nada que ponernos. ¡Tenemos que ir de conpras hoy mismo! ¡Mira este anuncio!

HUGO —Gerardo me ha pedido que lo ayude... Además, yo tengo ropa...

ANITA —¡Vieja y pasada de moda! Y ayer tú me dijiste que necesitabas cambiar las botas que habías comprado en El Corte Inglés porque son muy anchas. ¡Y tienes que comprarte zapatos!

Anita ha convencido a su esposo y ahora están en El Corte Inglés, una tienda por departamentos que está en el centro de Madrid. Hugo sube por la escalera mecánica hasta el primer piso, donde está el departamento de ropa para caballeros. Anita se queda en la planta baja, donde está el departamento de ropa para señoras. Allí se encuentra con su amiga Tere.

ANITA —¿Qué tal? Aprovechando las rebajas, ¿no? Dime, Tere, ¿cuánto cuesta esa blusa de seda?

TERE —Cincuenta y seis euros. ¿Qué talla usas?

ANITA —Uso talla treinta y ocho. Voy a probármela.

TERE —Espera, ¿no te gusta esta falda? Combina muy bien con la blusa y es talla mediana. Pruébatela. El probador está a la izquierda.

ANITA —(*Desde el probador*) Tere, hazme un favor. Tráeme una falda talla treinta y seis.

TERE —Espera... Lo siento, no hay tallas más pequeñas. ¿Por qué no te pruebas este suéter?

ANITA —No... no me gusta.

Anita compró la blusa, pero no compró la falda porque le quedaba grande y era demasiado cara. Después fue a la zapatería porque necesitaba comprar un par de sandalias rojas para combinar con un bolso rojo que Hugo le había regalado.

En el departamento de ropa para caballeros, Hugo compró dos camisetas y un chaleco. Ahora está en la zapatería.

HUGO —Quiero cambiar estas botas.

DEPENDIENTE —Muy bien, señor. ¿Qué número calza?

HUGO —Calzo el cuarenta y cuatro.

DEPENDIENTE —En seguida vuelvo. (*Al rato*) Pruébese éstas.

HUGO —Éstas son un poco estrechas. Me aprietan.

DEPENDIENTE —(*Le prueba otro par.*) ¿Qué tal éstas?

HUGO —Éstas me quedan bien. Me las llevo. ¿Puede envolvérmelas, por favor?

Hugo, Anita y Tere se encuentran a la salida.

ANITA —Hugo, llévanos a comer. ¡Estamos muertas de hambre!

HUGO —¡Yo también! Esperadme aquí. Yo voy por el coche.

ANITA —¿Has estado en el restaurante Villa Alegre alguna vez?

TERE —Sí, es muy bueno. Vamos a ése.

Cuando Anita y Hugo llegan a casa, ella ve las compras de su esposo.

ANITA —¡Un chaleco y dos camisetas! ¿Esto es todo lo que compraste? ¡Ay! ¿Qué voy a hacer contigo?

HUGO —Bueno, puedes regalarme un traje para mi cumpleaños.

Now the dialogue will be read with pauses for you to repeat what you hear. Imitate the speakers' intonation patterns.

Preguntas y respuestas

You will now hear questions about the dialogue. Answer each one, omitting the subject. The speaker will confirm your response. Repeat the correct response.

Situaciones

The speaker will present several situations based on the dialogue. Respond appropriately in Spanish to each situation. The speaker will confirm your response. Repeat the correct response. Follow the model.

MODELO: You tell a friend that you have nothing to wear.
No tengo nada que ponerme.

II. Pronunciación

- When you hear the number, read the corresponding sentence aloud. Then listen to the speaker and repeat the sentence.

1. Gerardo me ha pedido que lo ayude.
2. El departamento de ropa para señoras está en la planta baja.
3. Pruébatela. El probador está a la izquierda.
4. ¿A qué conclusión ha llegado Hugo?
5. Me quedan bien. ¿Puede envolvérmelas?
6. ¿Has estado en el restaurante Villa Alegre alguna vez?
7. Calzo el número cuarenta y cuatro.
8. Puedes regalarme un traje para mi cumpleaños.

III. ¡Vamos a practicar!

A. You will hear a series of verbs in the infinitive. Give the past participle of each verb. The speaker will confirm your response. Repeat the correct response. Follow the model.

MODELO: hablar
hablado

B. Answer each question you hear by saying that the action described has already been completed. The speaker will confirm your response. Repeat the correct response. Follow the model.

MODELO: —¿No van a abrir los libros?
—**Están abiertos.**

C. Change the verb in each sentence you hear to the present perfect tense. The speaker will confirm your response. Repeat the correct response. Follow the model.

> MODELO: Yo hablo con ella.
> **Yo he hablado con ella.**

D. Change the verb in each sentence you hear to the past perfect tense. The speaker will confirm your response. Repeat the correct response. Follow the model.

> MODELO: Ella no se fue.
> **Ella no se había ido.**

IV. Ejercicios de comprensión

A. You will now hear some statements. Circle **L** if it is logical (**lógico**) and **I** if it is illogical (**ilógico**). The speaker will confirm your response.

1. L I	5. L I	8. L I	
2. L I	6. L I	9. L I	
3. L I	7. L I	10. L I	
4. L I			

B. Before listening to the dialogues in this section, study the comprehension questions below. Reviewing the questions ahead of time will help you to remember key information as you listen.

1. ¿Cuándo es la fiesta de Carmen?
2. ¿Por qué no va a poder ir Alicia a la fiesta?
3. ¿Qué hay en la tienda La Francia?
4. ¿Por qué no puede ir de compras Alicia?
5. ¿Qué puede prestarle Marta a Alicia?
6. ¿Qué talla usan Marta y Alicia?
7. ¿Qué desea el señor?
8. ¿Qué talla usa?
9. ¿Cómo le queda la chaqueta?
10. ¿Qué más va a probarse el señor?
11. ¿Dónde está el probador?
12. ¿Qué más necesita el señor?
13. ¿Qué quiere probarse la señorita?
14. ¿Qué número calza ella?
15. ¿Le quedan bien las sandalias o le aprietan?
16. ¿Tienen sandalias más grandes?
17. ¿Tienen una rebaja en la zapatería hoy?
18. ¿La señorita quiere comprar algo más?

Listen carefully to each dialogue and then answer the questions, omitting the subject. The speaker will confirm your response. Repeat the correct response.

V. Para escuchar y escribir

Tome nota

You will hear a conversation in which Eva and José discuss their plans to go shopping. First listen carefully for general comprehension. Then, as you listen for a second time, fill in each person's shopping list.

La lista de Eva	La lista de José
1. _____ _____	1. _____ _____
2. _____ _____	2. _____ _____
3. _____ _____	3. _____ _____
4. _____ _____	4. _____ _____
5. _____ _____	5. _____ _____

Dictado

The speaker will read six sentences. Each sentence will be read twice. After the first reading, write what you heard. After the second reading, check your work and fill in what you missed.

1. _____

2. _____

3. _____

4. _____

5. _____

6. _____

Workbook Activities

A. Complete the chart with the corresponding forms of the future tense.

Infinitive	yo	tú	Ud., él, ella	nosotros	Uds., ellos, ellas
1. sacar					
2. decir	diré				
3. hacer		harás			
4. querer			querrá		
5. saber				sabremos	
6. poder					podrán
7. caber	cabré				
8. poner		pondrás			
9. venir			vendrá		
10. tener				tendremos	
11. salir					saldrán
12. valer	valdré				
13. ir		irás			
14. ser			será		

B. What will these college students do? Answer the questions, using the cues provided and substituting direct object pronouns for direct objects. Follow the model.

MODELO: —¿Cuándo tomarán Uds. esa clase?   (el semestre próximo)
—**La tomaremos el semestre próximo.**

1. ¿Cuándo hablarás tú con el consejero?   (mañana)

_____

2. ¿Cuándo solicitará Raquel la beca?   (la semana próxima)

_____

3. ¿Cuándo sabrás tú la nota?   (esta noche)

_____

4. ¿Cuándo podrá venir tu compañero de clase?   (esta tarde)

_____

5. ¿Dónde pondrás el informe?   (en su escritorio)

_____

6. ¿Con quién vendrás al estadio?   (con David)

_____

7. ¿Qué traerán Uds.?   (una calculadora)

_____

8. ¿Qué tendremos que hacer él y yo?   (matricularse)

_____

9. ¿Cuándo se graduarán Uds.?   (en junio)

_____

10. ¿A qué hora saldrán Uds. mañana?   (a las seis)

_____

C. You are giving information about what everyone, including yourself, intended to do. Follow
   the model.

   MODELO: —¿Qué dijo él?   (venir)
             —**Dijo que vendría.**

1. ¿Qué dijo Ud.?   (tomar psicología)

_____

2. ¿Qué dijo Magaly?   (matricularse mañana)

_____

3. ¿Qué dijeron Uds.?   (salir temprano)

_____

4. ¿Qué dije yo?   (sacar una "A") (*Use **tú** form*)

_____

5. ¿Qué dijeron los profesores?   (no dar un examen parcial)

_____

6. ¿Qué dijo la secretaria?   (poner los informes en la oficina)

_____

7. ¿Qué dijimos Rafael y yo?   (aprobar el examen)

_____

8. ¿Qué dijiste?   (tener que mantener un buen promedio)

_____

9. ¿Qué dijeron ellos?   (Uds. no saber contestar las preguntas)

_____

10. ¿Qué dijo el consejero?   (no poder vernos hoy)

_____

D. Complete the following sentences, using the conditional tense.

En un mundo perfecto...

1. ... yo _____ (levantarse) más temprano y _____

(acostarse) más tarde. _____ (Ir) a la biblioteca los sábados y

_____ (estudiar) hasta las cinco. _____ (Salir)

de mi casa a las siete y _____ (pasar) una hora en la biblioteca estudiando.

2. ... mis padres _____ (trabajar) menos y _____

(divertirse) más. _____ (Tener) más tiempo libre y

_____ (hacer) muchas cosas que siempre han querido hacer.

3. ... todos nosotros _____ (ahorrar) más dinero y

_____ (poder) comprar el coche que queremos.

4. ... tú _____ (mantener) un promedio de "A", _____

(conseguir) una beca y _____ (graduarse) con honores.

E. Describe what will have happened by a certain time in the future. Answer the following questions in the affirmative, using the future perfect tense.

1. ¿Ya habrán tomado Uds. todos los requisitos para el semestre próximo?

_____

2. ¿Ya habrán tomado ellos el examen parcial para octubre?

_____

3. ¿Ya habrán terminado todos los partidos de fútbol para marzo?

_____

4. ¿Tú habrás entregado el informe para el lunes?

_____

5. Para el semestre próximo, ¿ya habrás decidido cuál será tu especialización?

_____

6. ¿Ya habrán hecho Uds. la investigación para abril?

_____

7. ¿Ya se habrán terminado las clases para mayo?

_____

8. ¿Ya te habrás graduado para junio?

_____

F. Complete the chart with the corresponding forms of the conditional perfect tense.

English	Subject	Conditional *haber*	Past participle
1. I would have gone.	**Yo**	**habría**	**ido.**
2. You would have walked.	Tú		
3. He would have come.			venido.
4. She would have worked.	Ella		
5. We would have won.		habríamos	
6. I would have helped.			ayudado.
7. They would have played.			jugado.
8. I would have danced.		habría	
9. You would have called.	Tú		
10. He would have written.		habría	
11. She would have driven.	Ella		
12. We would have eaten.		habríamos	
13. They would have returned.			vuelto.

G. Complete the following sentences to say what everyone would have done before graduating from college, using the conditional perfect tense.

1. Yo _____ (tomar) los requisitos antes (*sooner*).

2. Tú _____ (solicitar) una beca.

3. Mi hermano _____ (jugar) al fútbol americano.

4. Mi hermana _____ (aprender) otros idiomas.

5. Mi compañera de cuarto _____ (estudiar) más.

6. Mi novio y yo _____ (ir) a todos los partidos.

7. Uds._____ (gastar) menos dinero.

8. Yo _____ (mantener) un promedio de "A".

H. **Review of the tenses of the indicative.**
Complete the following dialogues, using the verbs given in parentheses and the tenses indicated.

1. *Presente*

—¿Dónde _____ (estar) mi libro? No lo _____ (encontrar).

—Yo no _____ (saber). Tú nunca lo _____ (poner) en

tu escritorio.

—Tú _____ (poder) prestarme el tuyo?

—No, no lo _____ (tener) aquí.

2. *Pretérito*

—Tú _____ (ir) al estadio anoche?

—No, no _____ (poder) ir porque _____ (tener)

que estudiar. ¿Qué _____ (hacer) tú?

—Yo _____ (trabajar) hasta las nueve y _____

(volver) a casa a las diez.

3. *Imperfecto*

—¿Uds. _____ (ir) a todos los partidos de fútbol cuando

_____ (estar) en la universidad?

—Sí, _____ (ser) fanáticos de los deportes. También

_____ (ver) todos los partidos en la televisión. ¿Y tú?

—Yo _____ (preferir) ir a fiestas.

4. *Futuro*

—¿Qué _____ (hacer) tú mañana? ¿_____ (Ir) al club?

—No, no _____ (poder) ir porque _____ (tener)

que estudiar para el examen parcial.

5. *Condicional*

—Voy a tomar química.

—Yo no la _____ (tomar) este semestre. _____ (Esperar)

hasta el próximo semestre.

—En ese caso _____ (tener) que tomar biología y eso _____

(ser) más difícil.

6. *Pretérito perfecto*

—¿Dónde _____ (estar) tú hoy?

—_____ (Estar) en la universidad, hablando con unos jóvenes que

_____ (venir) de Cuba. ¿Y qué _____ (hacer) Uds.?

—No _____ (hacer) nada.

7. *Pluscuamperfecto*

—Cuando tú llegaste a casa, ¿ya _____ (venir) los carpinteros?

—No, porque Olga no los _____ (llamar).

8. *Futuro perfecto*

—Yo ya _____ (graduarme) para el año 2004. Y Uds.,

¿_____ (terminar) su carrera?

—Sí, y _____ (empezar) a trabajar.

9. *Condicional perfecto*

—De haber sabido que esta asignatura era tan difícil, yo no la _____ (tomar).

—Eva y yo no la _____ (tomar) tampoco.

—¿Qué _____ (hacer) Uds.?

—_____ (tomar) literatura.

I. **¿Cómo se dice...?** Write the following dialogues in Spanish.

1. "Aren't you going to the game with your parents, Anita?"
   "No, because I get home at six, and by then they will have left."

   _____

   _____

   _____

2. "I got a 'D' in chemistry."
   "Had you followed my advice, you would have gotten a good grade."

   _____

   _____

3. "I'm going to take accounting."
   "I would take business administration."

   _____

   _____

4. "Will you have a good schedule?"
   "No, I will have to take classes in the morning and in the afternoon. I won't be able to work."

   _____

   _____

   _____

J. Crucigrama

Horizontal

2. Estudiamos fórmulas en nuestra clase de
   _____.
5. persona que da consejos
6. No es un curso electivo; es un _____.
7. ¿Cómo se dice "*engineering*"?
11. Estudiamos los poemas de Poe en nuestra clase
    de _____.
14. opuesto de **quedar suspendido**
15. materia
16. No pago matrícula porque tengo una _____.
17. Voy a enseñar español. Mi _____ es el español.
20. Tengo una "A" y una "C". Mi _____ es "B".
21. Quiero trabajar en un laboratorio porque me
    gusta la _____.
23. Vamos a ir a ver un _____ de fútbol.
24. Estudia en la _____ de derecho.
25. Ella es una mujer de _____.

Vertical

1. Estudiamos los problemas de las grandes
   ciudades en la clase de _____.
3. persona que vende
4. Espero sacar una buena _____ en mi clase de
   inglés.
8. Estudia administración de _____.
9. con afecto
10. No sé a qué hora es la clase porque no tengo mi
    _____.
12. Tengo que dar un _____ oral en mi clase de
    inglés.
13. Estudiamos álgebra en la clase de _____.
17. Mañana tengo un _____ parcial.
18. Estudia _____ porque quiere ser contador.
19. Eva quiere _____ en la universidad este otoño.
20. Si vas a ser periodista, tienes que estudiar _____.
22. Estudia la _____ de abogado.

K. ¿Qué pasa aquí? Look at the illustration and answer the following questions.

1. ¿Qué nota teme recibir Andrés en el examen de química?

   _____

2. ¿Cree Julio que Andrés quedará suspendido?

   _____

3. ¿Qué espera el papá de Julia que estudie su hija?

   _____

4. ¿Qué quiere estudiar Julia?

   _____

5. ¿Qué cree el papá de Lola que pasará en el año 2004?

   _____

6. ¿Qué hará Lola cuando termine el semestre?

   _____

7. ¿Qué nota cree Jorge que él sacará en matemáticas?

   _____

8. ¿Cree Ud. que a Jorge le gusta la literatura?

   _____

9. ¿Cree Ud. que Jorge estudia mucho para su clase de literatura?

   _____

10. ¿Qué promedio tendrá que mantener Adela para que le den la beca?

    _____

11. ¿Qué cree Ud. que hará Adela en cuanto llegue a su casa?   (¿Cómo lo sabe Ud.?)

    _____

Laboratory Activities

I. Para escuchar y contestar

Cartas: *Las carreras*

The letters will be read first without pauses. Pay close attention to the speakers' intonation and pronunciation.

Los Ángeles, California
24 de agosto del 2002

Estimado Sergio:

    Te diré que no te he escrito antes porque no he tenido tiempo. Mañana estaré también muy ocupado porque tendré que matricularme para las clases de otoño. Pienso tomar administración de empresas, sociología y psicología. Mi consejero me ha sugerido que tome una clase de química o de física pero, como sabes, nunca me han gustado las ciencias. ¡Prefiero la literatura!

    Me gustaría mucho ir a Buenos Aires en diciembre, pero tengo exámenes finales hasta el 20 y tengo que sacar buenas notas. Debo mantener un promedio de "A" porque tengo una beca.

    ¿Por qué no vienes tú a Los Ángeles? Podríamos ir a Disneylandia y visitar San Diego, mi ciudad favorita. Tienes que venir antes del año 2004 porque para entonces ya me habré graduado. ¡Trataré de conseguir un trabajo antes, porque la vida de estudiante es vida de pobre!

    Escríbeme pronto. Un abrazo de tu amigo,

Daniel

P.D. ¡Saludos a tu hermana!

Buenos Aires, Argentina
15 de septiembre del 2002

Estimado Daniel:

¡Gracias por la invitación! De haber sabido que ibas a invitarme a Los Ángeles, no habría gastado tanto dinero en mi viaje a Río de Janeiro y habría ahorrado dinero para el pasaje.

Yo también estoy muy ocupado. La carrera de abogado no es fácil, y todos los profesores de la Facultad de Derecho creen que sus clases son lo único que debería importarnos.

Mi hermana Amalia (le di tus saludos) está estudiando periodismo y se pasa la vida haciendo investigación y escribiendo informes. Yo supongo que algún día será una periodista magnífica.

¿Te acuerdas de José Luis? Está estudiando ingeniería y probablemente el año próximo irá a los Estados Unidos para tomar unos cursos especiales. ¡Yo haría lo mismo! De haber seguido los consejos de su padre, ya habría terminado la carrera de médico.

¿Y tú? ¿Cuál es tu especialización? Yo pensé que tu asignatura favorita era la contabilidad...

Bueno, me voy porque Marcos me invitó a un partido de fútbol. Es en el estadio de Boca y juega nuestro equipo. ¡Chau!

Afectuosamente,

Sergio

P.D. Saludos de Amalia.

Now the letters will be read with pauses for you to repeat what you hear. Imitate the speakers' intonation patterns.

Preguntas y respuestas

You will now hear questions about the letters. Answer each one, omitting the subject. The speaker will confirm your response. Repeat the correct response.

Situaciones

The speaker will present several situations based on the letters. Respond appropriately in Spanish to each situation. The speaker will confirm your response. Repeat the correct response. Follow the model.

MODELO: Your best friend has applied for a scholarship. You tell her that you hope she gets it.
Espero que consigas la beca.

II. Pronunciación

- When you hear the number, read the corresponding sentence aloud. Then listen to the speaker and repeat the sentence.

    1. Mañana tendré que matricularme.
    2. Pienso tomar administración de empresas.
    3. Tengo exámenes finales hasta el 20.
    4. Para el año 2004 ya me habré graduado.
    5. Yo habría ahorrado dinero para el pasaje.
    6. La carrera de abogado no es fácil.
    7. Se pasa la vida haciendo investigación.
    8. José Luis está estudiando ingeniería.
    9. ¿Cuál es tu especialización?
    10. Marcos me invitó a un partido de fútbol.

III. ¡Vamos a practicar!

A. Answer each question you hear in the affirmative, using the future tense. The speaker will confirm your response. Repeat the correct response. Follow the model.

    MODELO: —¿Tú vas a ir a Madrid?
            —Sí, iré a Madrid.

B. You will hear some statements about what people are going to do. Using the cues, say what others would do. The speaker will confirm your response. Repeat the correct response. Follow the model.

    MODELO: —Carlos va a tomar literatura. (yo—psicología)
            —Yo tomaría psicología.

1. (nosotros—cine)	5. (tú—veinte)	8. (nosotros—a las siete)
2. (Uds.—un libro)	6. (nosotras—a las diez)	9. (mi secretario—casillero)
3. (yo—biblioteca)	7. (yo—el domingo)	10. (yo—hoy)
4. (ella—mañana)		

C. Respond to the following questions, using the cues provided and the future perfect tense. The speaker will confirm your response. Repeat the correct response. Follow the model.

    MODELO: —¿Qué habrá hecho Jorge para las ocho? (cenar)
            —Para las ocho habrá cenado.

1. (empezar las clases)	3. (terminar la lección)	5. (ir al examen)
2. (levantarme)	4. (hablar con el consejero)	

D. Respond to each statement you hear, using the cue provided and the conditional perfect tense. The speaker will confirm your response. Repeat the correct response. Follow the model.

    MODELO: —Elsa todavía no se matriculó. (nosotros)
            —Nosotros ya nos habríamos matriculado.

1. (Raúl)	3. (nosotros)	5. (tú)
2. (Dr. Vega)	4. (yo)	6. (Uds.)

Now follow the new model.

MODELO: —Luis no entendió nada.   (tú)
—Tú tampoco habrías entendido nada.

7. (yo)   9. (ella)   11. (Ud.)
8. (tú)   10. (Uds.)   12. (nosotros)

IV. Ejercicios de comprensión

A. You will now hear some statements. Circle L if it is logical (**lógico**) and I if it is illogical (**ilógico**). The speaker will confirm your response.

1. L I   5. L I   8. L I
2. L I   6. L I   9. L I
3. L I   7. L I   10. L I
4. L I

B. Before listening to the dialogues in this section, study the comprehension questions below. Reviewing the questions ahead of time will help you to remember key information as you listen.

1. ¿Con quién habló Susana?
2. ¿Cuándo habló con él?
3. ¿Qué quiere el consejero que tome?
4. ¿Qué clases va a tomar Susana?
5. ¿Qué le gustaría ser a Susana?
6. ¿Dónde estudia Carlos?
7. ¿Qué quería ser el papá de Anita cuando era chico?
8. ¿Qué habría estudiado su papá?
9. ¿Cuándo decidió ser profesor de francés?
10. ¿Cuándo fue a París?
11. ¿Dónde había estudiado francés antes?
12. ¿Qué otra asignatura le gustaba cuando estaba en la escuela secundaria?
13. ¿Qué quería escribir cuando estaba en la escuela secundaria?
14. ¿Cuándo piensa escribir un libro?

Listen carefully to each dialogue and then answer the questions, omitting the subject. The speaker will confirm your response. Repeat the correct response.

V. Para escuchar y escribir

Tome nota

You will hear a conversation between a student and her academic advisor. First listen carefully for general comprehension. Then, as you listen for a second time, fill in the student's name and class schedule.

Horario de clases				Sr. Sra. _____ Srta.		
Hora	lunes	martes	miércoles	jueves	viernes	sábado
8:00						
9:00						
10:00						
11:00						
12:00						
1:00						
2:00						
3:00						
4:00						
5:00						

Dictado

The speaker will read six sentences. Each sentence will be read twice. After the first reading, write what you heard. After the second reading, check your work and fill in what you missed.

1. _____

2. _____

3. _____

4. _____

5. _____

6. _____

Check Your Progress

Lección 15

A. Answer the following questions, using the past participle of the verbs listed.

envolver   escribir   romper   cerrar   abrir

1. Todas las puertas estaban _____.

2. El banco está _____ hoy porque es domingo.

3. La carta está _____ en francés, y yo no entiendo francés.

4. No puedo usar esos vasos porque están _____.

5. Los regalos ya están _____.

B. Complete the following sentences, using the present perfect of the verbs given.

1. Yo les _____ (decir) a los chicos que hagan la cena, pero ellos todavía

   no _____ (hacer) nada.

2. Nosotros te _____ (estar) esperando por mucho tiempo. Tú nunca nos

   _____ (escribir) ni nos _____ (llamar)

   por teléfono.

3. La Sra. Vargas no _____ (volver) todavía. Cuando venga, tengo que

   decirle que sus hijos _____ (romper) la ventana y que no

   _____ (estudiar) sus lecciones.

4. ¿_____ (ver) Uds. al Sr. Vega?

5. ¿Dónde _____ (poner) Ud. los guantes, señora?

C. Complete the following sentences in your own words, using the past perfect.

1. Yo no vi a Roberto, porque cuando yo llegué a su casa, él ya

   _____.

2. Miguel no le escribió a Juan Carlos, porque yo ya le

_____.

3. Ella no le dijo a Luis que la fiesta era hoy porque nosotros ya se lo

_____.

4. Ana no tradujo la carta porque tú ya la

_____.

5. Yo no tuve que quedarme con Rosita porque, cuando yo llegué a su casa, sus padres ya

_____.

D. Answer the following questions, using complete sentences.

1. ¿Están abiertas o cerradas las tiendas en este momento?

_____

2. ¿Qué ropa has comprado últimamente (*lately*)?

_____

3. ¿Te has comprado zapatos últimamente? ¿Cuántos pares?

_____

4. ¿Qué ropa te has puesto hoy?

_____

5. ¿Has tenido que cambiar algo últimamente? ¿Qué?

_____

6. ¿Han ido de compras tú y tu familia últimamente?

_____

7. Cuando empezaron las clases, ¿tú ya habías comprado toda la ropa que necesitabas?

_____

Lección 16

A. Answer the following questions, using the future tense.

1. ¿Cuántas asignaturas vas a tomar el próximo semestre?

_____

2. ¿Qué promedio vas a mantener en tus clases?

_____

3. ¿Vas a tener un buen horario el próximo semestre?

_____

4. ¿Adónde vas a ir este fin de semana?

_____

5. ¿Con quién vas a ir?

_____

6. ¿Qué nota crees que te va a dar el profesor (la profesora) en esta clase?

_____

7. ¿Cuándo te vas a graduar?

_____

8. ¿Vas a tener una fiesta cuando te gradúes?

_____

B. Say what you would do in the following situations, using the conditional.

1. Tú tienes un examen. _____

2. Tú necesitas una computadora. _____

3. Tienes que pagar la matrícula y no tienes dinero. _____

4. Esta noche hay un partido de fútbol. _____

5. Tus padres quieren que estudies ciencias. _____

6. Tienes que entregar un informe mañana. _____

7. Tus padres te regalan doscientos dólares. _____

C. Complete the following sentences, using the future perfect to say what everyone will have done by next year.

Para el año próximo...

1. ... yo _____

2. ... tú _____

3. ... mis padres _____

4. ... mi mejor amigo(-a) _____

5. ... nosotros _____

D. Read the following statements, then say what you would have done differently, if anything.

1. Yo me matriculé en cinco asignaturas este semestre.

_____

2. Mi compañera tomó dos requisitos generales.

_____

3. El sábado mis amigos fueron a la biblioteca.

_____

4. Yo ayudé a mi compañero de clase a preparar su informe.

_____

5. Anoche estudié tres horas.

_____

6. El domingo por la noche fui al estadio a ver un partido de fútbol.

_____

E. Write a brief dialogue between two students who are discussing their classes and their career plans.

_____

_____

_____

_____

_____

_____

_____

_____

_____

_____

Workbook Activities

A. Complete the following chart with the corresponding imperfect subjunctive forms.

Infinitive	yo	tú	Ud., él, ella	nosotros	Uds., ellos, ellas
1. ganar	ganara	ganaras	ganara	ganáramos	ganaran
2. recetar			recetara		recetaran
3. cerrar		cerraras		cerráramos	
4. volver			volviera		volvieran
5. pedir					pidieran
6. conseguir	consiguiera				
7. tener			tuviera		
8. poder				pudiéramos	
9. hacer		hicieras			hicieran
10. venir	viniera		viniera		
11. traer				trajéramos	
12. poner		pusieras			
13. decir	dijera				dijeran
14. ser		fueras		fuéramos	
15. dar			diera		
16. querer		quisieras			
17. saber			supiera		

B. Read these statements, which tell others what to do, express doubt, or express emotion. Change each statement to the past.

1. Quiero que tú vayas al médico.

   Quería _____.

2. Prefiero que compres la penicilina.

   Prefería _____.

3. Te sugiero que llames a Rodolfo para que vaya contigo al hospital.

   Te sugerí _____.

4. Dudo que nosotros podamos ir con Uds. a la sala de emergencia.

   Dudaba _____.

5. Es necesario que traigan las radiografías.

   Era _____.

6. ¿Hay alguna farmacia que quede cerca y que esté abierta hasta las diez?

   ¿Había _____

   _____?

7. No creo que haya nadie que pueda ponerte una inyección.

   No creí _____.

8. Necesitamos a alguien que pueda llevarlo a la sala de rayos X.

   Necesitábamos _____.

9. Siento que ella tenga gripe.

   Sentí _____.

10. Te ruego que los llames y les digas que vengan el sábado.

    Te rogué _____.

11. Me alegro de que estés mejor.

    Me alegré _____.

12. Temo que Oscar esté enfermo.

    Temía _____.

C. Write sentences describing what the doctor told everybody to do.

    MODELO: a Roberto / ir a la farmacia
                Le dijo a Roberto que fuera a la farmacia.

1. a mí / tomar las pastillas tres veces al día

   _____

2. a la enfermera / vendar y desinfectar la herida

   _____

3. a ti / traer las radiografías

   _____

4. a nosotros / volver a su consultorio a la una

   _____

5. a Uds. / empezar a tomar la medicina hoy mismo

   _____

6. a ellas / llevar las recetas a la farmacia

   _____

7. a Ud. / ponerle una inyección al niño

   _____

8. a él / darle las aspirinas al enfermero

   _____

D. Complete the following paragraphs, using the prepositions **a, con, de,** or **en.**

Ayer Gloria y yo fuimos _____ visitar _____ tía

Mercedes. Ella nos dijo que iba _____ enseñarnos _____

cocinar. Gloria sueña _____ ser "chef" e insistió _____

ser la primera en empezar _____ cocinar.

    Gloria está comprometida _____ un muchacho muy simpático y piensa

casarse _____ él en diciembre. ¡Con razón quiere aprender

_____ cocinar bien!

Yo preparé un pollo, pero me olvidé _____ ponerle condimentos y no quedó

muy sabroso. Tía Mercedes me preguntó _____ qué había estado pensando.

E. The following are comments made in the waiting room of a doctor's office. Complete them, using the present perfect subjunctive of the verbs given.

1. Yo espero que mamá ya _____ (ir) al médico.

2. No es verdad que el médico le _____ (enyesar) la pierna a Rafael.

3. Dudo que mis padres _____ (comprar) las medicinas.

4. No creen que nosotros _____ (ver) la operación.

5. El médico teme que uno de sus pacientes _____ (morir).

6. Mamá no cree que yo _____ (tomar) el antibiótico hoy.

7. Yo siento que tú no _____ (poder) ver al médico hoy.

8. No es verdad que nosotros _____ (decir) que ese hospital sea malo.

9. Yo dudo que la enfermera le _____ (poner) una inyección antitetánica al niño.

10. Me alegro de que el Dr. Reyes _____ (volver) de México.

F. Write the parts of the body that correspond to the numbers in the illustration.

1. _____

2. _____

3. _____

4. _____

5. _____

6. _____

7. _____

8. _____

G. Supply the missing words. The letters in the center column will form a Spanish proverb. Write the proverb on the line provided below.

1. Trabaja con un médico; es _____.

2. Soy _____ a la penicilina.

3. Yo me _____ el brazo ayer.

4. Cuando me duele la cabeza tomo _____.

5. Voy a desinfectarle la _____.

6. Lo llevaron al hospital en una _____.

7. Es un antíbiótico.

8. Está en el consultorio del _____.

9. Tuvo un _____; lo llevaron al hospital.

10. Está en la _____ de emergencia.

11. Veo con los _____.

12. _____ X

13. Tengo _____ de cabeza.

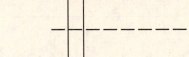
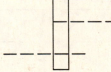

Proverbio: _____

H. **¿Cómo se dice...?** Write the following dialogues in Spanish.

1. "Did she have an accident?"
   "Yes, and there was nobody who could take her to the hospital. We had to call an ambulance."

   _____

   _____

   _____

2. "I have a stomach ache."
   "Are you sick?"
   "No, but I think I'm pregnant."

   _____

   _____

   _____

3. "César fell in love with a nurse."
   "Where did he meet her?"
   "At the hospital."

   _____

   _____

   _____

4. "Did you remember to bring the pills, Rosita?"
   "No, but I asked Ángela to bring them."

   _____

   _____

5. "How do you feel, miss?"
   "My chest, my back, and my neck hurt a lot."
   "Did you see the doctor?"
   "Yes, I went to his office this morning, and he told me to take this medicine."

   _____

   _____

   _____

   _____

6. "When was the last time they gave you a tetanus shot, Paquito?"
   "Last year, when I cut my toe."

   _____

   _____

I. Crucigrama

Horizontal

5. Tuvo un accidente. Lo _____ un coche.
6. Eva es mi _____ de cuarto.
8. Los necesito para comer.
10. Le pusieron una inyección _____.
11. La penicilina es un _____.
14. Son parte de la mano.
16. Tomo aspirina cuando tengo _____ de cabeza.
17. lo que hace el médico
18. La necesitamos para hablar.
19. Lo llevaron a la sala de _____.
21. Lo llevaron a la sala de rayos X para hacerle una _____.

Vertical

1. Es parte de la pierna
2. No puedo tragar (*swallow*) porque me duele la _____.
3. Tengo que _____ la herida.
4. cabello
7. catarro
9. romperse
11. Lo llevaron al hospital en una _____.
12. Tiene una _____ de 102 grados.
13. oficina del médico
15. Está _____. Va a tener el bebé (*baby*) en julio.
20. Sostiene (*It holds*) la cabeza.

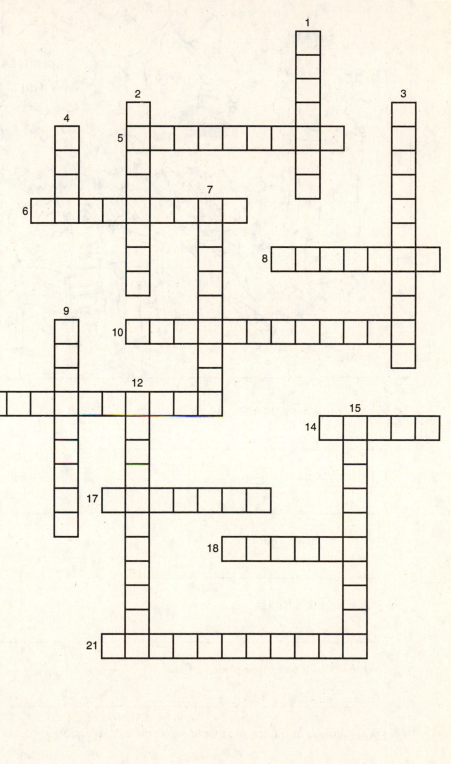

J. **¿Qué pasa aquí?** Look at the illustration and answer the following questions.

1. ¿Qué le duele a Alberto?

   _____

2. ¿Cuántas aspirinas tomó?

   _____

3. ¿Se siente mejor ahora?

   _____

4. ¿Qué le pasó a Rita?

   _____

5. ¿Qué le van a tener que poner a Rita?

   _____

6. ¿Cuándo fue la última vez que le pusieron una inyección antitetánica?

   _____

7. ¿Cómo trajeron a Luis al hospital?

   _____

8. ¿Adónde lo llevan?

_____

9. ¿Se siente bien Isabel?

_____

10. ¿Está embarazada Isabel?

_____

11. ¿A qué medicina es alérgica Rosa?

_____

Para leer

Del diario de Ana María

Miércoles, 14 de julio de 20___

Querido diario:

Ayer, martes trece, fue un día de mala suerte. Me levanté a las ocho y llegué tarde a mi clase de química, que empieza a las ocho y diez. Cuando fui a mi clase de psicología, que es mi especialización, el profesor me dijo que estudiara más porque la nota de mi último examen no era muy buena.

Por la tarde fui a la biblioteca a devolver un libro y me caí° en la escalera.   *I fell*
Como me dolía mucho la pierna y tenía una herida en el brazo, Estela me llevó al hospital. Creíamos que yo tenía la pierna rota, pero me hicieron unas radiografías y el doctor me dijo que no había ningún problema. Me pusieron una inyección contra el tétano, me vendaron la herida y Estela me trajo a casa. Eran las ocho de la noche cuando llegamos, y llovía a cántaros.

Invité a Estela a cenar conmigo, pero cuando abrí el refrigerador, vi que no había nada para comer. Tomamos chocolate caliente, estudiamos un rato y miramos la televisión. Estela se fue a las diez y yo me acosté porque estaba muy cansada.

A las diez y cuarto me llamó una compañera de clase para decirme que hoy teníamos un examen en la clase de matemáticas. ¡Yo no lo sabía!

Me levanté y empecé a estudiar, pero como me dolía muchísimo la cabeza y no entendía nada, me acosté, pero no dormí bien. Estela me sugirió que el próximo martes trece no saliera de mi casa.

¡Conteste!

1. ¿A qué hora se levantó Ana María ayer?

_____

2. ¿Cuál de sus profesores le dijo a Ana María que estudiara más?

_____

3. ¿Por qué le hicieron a Ana María radiografías de la pierna?

_____

4. ¿Qué le hicieron a Ana María en el hospital después de hacerle las radiografías?

_____

5. ¿Qué tiempo hacía cuando las chicas llegaron a casa de Ana María?

_____

6. ¿Qué tomaron las chicas y qué hicieron después?

_____

7. ¿A qué hora se acostó Ana María?

_____

8. ¿Qué hora era cuando la llamó su compañera de clase?

_____

9. ¿Por qué no pudo dormir Ana María después de hablar con su compañera de clase?

_____

10. ¿Cómo durmió Ana María anoche?

_____

11. ¿Cuál de sus profesores dio un examen hoy?

_____

12. ¿Qué le sugirió Estela que no hiciera el próximo martes trece?

_____

Laboratory Activities

I. Para escuchar y contestar

Diálogo: *Problemas médicos*

The dialogue will be read first without pauses. Pay close attention to the speakers' intonation and pronunciation.

Mirta y su esposo se encuentran en un restaurante para almorzar. Ella no se siente muy bien hoy.

MIRTA —No sé qué me pasa. Tengo fiebre y me duele mucho la cabeza. Ya tomé cuatro aspirinas.

HÉCTOR —Te dije que fueras al médico para que te hiciera un buen chequeo. Espero que ya hayas llamado al Dr. Valdivia.

MIRTA —Él está de vacaciones. Teresa me sugirió que viera a la Dra. Vargas. Tengo una cita para esta tarde.

Más tarde, en el consultorio de la Dra. Vargas.

DOCTORA —Tiene una temperatura de ciento dos grados. ¿Cuánto tiempo hace que tiene esos dolores de cabeza?

MIRTA —Una semana. Tengo tos y me duele la garganta. ¿Cree que tengo catarro o gripe?

DOCTORA —Tiene gripe. Voy a recetarle un antibiótico. ¿Es Ud. alérgica a alguna medicina?

MIRTA —Sí, soy alérgica a la penicilina.

DOCTORA —¿Está Ud. embarazada?

MIRTA —No, doctora.

DOCTORA —Tome estas pastillas cuatro veces al día. Empiece a tomarlas hoy mismo. Aquí tiene la receta.

En la sala de emergencia del mismo hospital.

Oscar tuvo un accidente y lo trajeron al hospital en una ambulancia. Ahora está hablando con un médico.

MÉDICO —¿Qué le pasó?

OSCAR —Me atropelló un coche. Me duele mucho la pierna. Creo que me la rompí.

MÉDICO —Sí, temo que se la haya roto. Vamos a hacerle unas radiografías. Veo que también tiene una herida en el brazo. Voy a llamar a la enfermera.

Con la enfermera

ENFERMERA —El doctor me dijo que le desinfectara y vendara la herida para evitar una infección. ¿Cuándo fue la última vez que le pusieron una inyección antitetánica?

OSCAR —Hace dos años.

La enfermera lleva a Oscar a la sala de rayos X. Oscar tiene la pierna rota y el médico se la enyesa.

MÉDICO —¿Hay alguien que pueda venir a buscarlo?

OSCAR —Sí, voy a llamar a mi compañero de cuarto, pero no creo que haya llegado a casa todavía.

Now the dialogue will be read with pauses for you to repeat what you hear. Imitate the speakers' intonation patterns.

Preguntas y respuestas

You will now hear questions about the dialogue. Answer each one, omitting the subject. The speaker will confirm your response. Repeat the correct response.

Situaciones

The speaker will present several situations based on the dialogue. Respond appropriately in Spanish to each situation. The speaker will confirm your response. Repeat the correct response. Follow the model.

> MODELO: You tell your doctor that you have a cough and your head hurts a lot.
> **Doctor, tengo tos y me duele mucho la cabeza.**

II. Pronunciación

- When you hear the number, read the corresponding sentence aloud. Then listen to the speaker and repeat the sentence.

    1. La penicilina es un antibiótico.
    2. Lo trajeron en una ambulancia.
    3. Es alérgica a la aspirina.
    4. Le puse una inyección antitetánica.
    5. Necesito un chequeo.
    6. Está en la sala de rayos X.
    7. Le desinfectó la herida.
    8. Le hicieron una radiografía.
    9. Elena está embarazada.
    10. Tome estas pastillas cuatro veces al día.

III. ¡Vamos a practicar!

A. Change each statement you hear so that it describes the past, using the cue provided. The speaker will confirm your response. Repeat the correct response. Follow the model.

> MODELO: Yo quiero que tú vuelvas.   (yo quería)
> **Yo quería que tú volvieras.**

1. (no creía)
2. (nos dijeron)
3. (no me gustaba)
4. (me alegré)

5. (te sugerí)
6. (dudaba)
7. (esperábamos)

8. (no había)
9. (necesitaba)
10. (buscábamos)

B. Answer the following questions, using the cues provided. Pay special attention to the use of prepositions. The speaker will confirm your response. Repeat the correct response. Follow the model.

> MODELO: —¿Te acordaste de traer la medicina?   (sí)
> **—Sí, me acordé de traerla.**

1. (sí)
2. (el año pasado)

3. (un enfermero)
4. (sí)

5. (no, ser médica)

C. Negate each statement you hear, using the expression **No es verdad** and the present perfect subjunctive. The speaker will confirm your response. Repeat the correct response. Follow the model.

MODELO: Ana ha tomado la medicina.
No es verdad que Ana haya tomado la medicina.

IV. Ejercicios de comprensión

A. You will now hear some statements. Circle L if it is logical (**lógico**) and I if it is illogical (**ilógico**). The speaker will confirm your response.

1. L I
2. L I
3. L I
4. L I

5. L I
6. L I
7. L I

8. L I
9. L I
10. L I

B. Before listening to the dialogues in this section, study the comprehension questions below. Reviewing the questions ahead of time will help you to remember key information as you listen.

1. ¿Qué hora era cuando Pablo llegó?
2. ¿Por qué no pudo venir más temprano?
3. ¿A qué hora se acostó Dora?
4. ¿Por qué se acostó tan temprano?
5. ¿Qué tomó?
6. ¿Cómo se siente ahora?
7. ¿Cuánto tiempo hace que la señora tiene dolor de estómago?
8. ¿Qué medicina toma cuando le duele mucho el estómago?
9. ¿Qué le va a dar el médico?
10. ¿Qué van a hacerle a la señora si no se siente mejor?
11. ¿Qué le pasó a Roberto?
12. ¿Lo atropelló un coche?
13. ¿Adónde lo llevaron?
14. ¿Le hicieron radiografías de la pierna?
15. ¿Qué se cortó Roberto?
16. ¿Por qué no le pusieron una inyección antitetánica?
17. ¿Por qué va a tomar dos aspirinas?

Listen carefully to each dialogue and then answer the questions, omitting the subject. The speaker will confirm your response. Repeat the correct response.

V. Para escuchar y escribir

Tome nota

You will hear a conversation between a doctor and a patient. First listen carefully for general comprehension. Then, as you listen for a second time, fill in the information requested.

Hoja Clínica

Nombre del paciente _____

Síntomas _____

_____

Medicinas que está tomando _____

_____

Alergias _____

_____

Radiografías de _____

_____

Próxima visita _____

_____

Dictado

The speaker will read six sentences. Each sentence will be read twice. After the first reading, write what you heard. After the second reading, check your work and fill in what you missed.

1. _____

2. _____

3. _____

4. _____

5. _____

6. _____

Workbook Activities

A. Complete the chart, paying particular attention to the use of the pluperfect subjunctive.

English	Verbs that require the subjunctive	que	Subject of subordinate clause	Imperfect subjunctive of *haber*	Past participle
1. I didn't think that they had come.	**No creía**	**que**	**ellos**	**hubieran**	**venido.**
2. She was sorry that you had gone.	Sentía		tú		
3. We were hoping that you had finished.	Esperábamos		Uds.		
4. He doubted that she had died.					muerto.
5. You were afraid that she had returned.				hubiera	
6. They denied that she had done it.	Negaron				
7. I didn't think that you had gone out.			tú		
8. We were sorry that you had left.			Uds.		
9. I hoped that she had learned.					
10. I didn't think that Rose had gone to Costa Rica.	No creía				
11. I was glad that the car had started.	Me alegré de				
12. You didn't think that we had stopped.					

B. How did everybody react to what happened? Complete the following sentences, using the pluperfect subjunctive.

1. El mecánico arregló mi coche.

   Yo me alegré de que _____.

2. El policía le puso una multa a mi hermano.

   Mi padre sintió que _____.

3. Nosotros tuvimos la culpa del accidente.

   Ellos no creían que _____.

4. Ellos instalaron una bomba de agua nueva.

   Yo dudaba que _____.

5. Tú gastaste una fortuna en arreglos.

   Fue una lástima que _____.

6. La grúa remolcó tu coche.

   Tú dijiste que no era verdad que _____.

7. Mis padres no estuvieron de acuerdo con el mecánico.

   Me sorprendió que _____.

8. Mi esposa compró un teléfono celular.

   Mi suegra se alegró de que _____.

C. Look at the illustrations and write what the people shown would do if circumstances were different. Follow the model.

MODELO: Yo no tengo dinero.
Si tuviera dinero, viajaría.

1. Roberto no tiene tiempo.

   Si _____.

2. Elsa no está de vacaciones.

Si _____.

3. Ellos no tienen hambre.

Si _____.

4. Tú tienes que trabajar.

Si no _____.

5. Uds. no van a la fiesta.

Si _____.

6. Hoy es sábado.

Si no _____.

D. Look at the illustrations and write what the people shown will do if circumstances permit it. Follow the model.

MODELO: No sé si tendré dinero o no.
Si tengo dinero, viajaré.

1. Yolanda y yo no sabemos si el coche está descompuesto o no.

Si _____.

2. No sé si ellas quieren hamburguesas o no.

Si _____.

3. No sé si Laura está enferma o no.

Si _____.

4. No sé si tú tienes el periódico o no.

Si _____.

5. No saben si el autobús pasa por aquí o no.

Si _____.

E. **Review of the uses of the subjunctive.** Complete the following sentences with the subjunctive if there is a change of subject or with the infinitive if there is no change of subject.

1. Quiero _____ (solicitar) el trabajo en la gasolinera.

Quiero que tú _____ (solicitar) el trabajo en la gasolinera.

2. Deseas _____ (comprar) las llantas.

Deseas que yo _____ (comprar) las llantas.

3. Ellos prefieren que nosotros _____ (alquilar) un coche.

Ellos prefieren _____ (alquilar) un coche.

4. Necesito _____ (conseguir) los limpiaparabrisas.

Necesito que ellos _____ (conseguir) los limpiaparabrisas.

5. Me alegro de que Uds. _____ (estar) aquí.

Me alegro de _____ (estar) aquí.

6. Temo no _____ (llegar) temprano.

Temo que nosotros no _____ (llegar) temprano.

7. Espero _____ (hacer) el trabajo pronto.

Espero que él _____ (hacer) el trabajo pronto.

8. Siento que tú _____ (tener) que irte.

Siento _____ (tener) que irme.

In the following sentences, use the subjunctive to refer to someone or something that is indefinite, unspecified, or nonexistent; use the indicative when referring to a specific person or thing.

9. Necesito un mecánico que _____ (saber) arreglar coches extranjeros.

Tengo un mecánico que _____ (saber) arreglar coches extranjeros.

10. Conozco a dos chicas que _____ (enseñar) matemáticas.

    No conozco a nadie que _____ (enseñar) matemáticas.

11. ¿Dónde hay un restaurante que _____ (servir) comida italiana?

    Hay un restaurante en la Quinta Avenida que _____ (servir) comida italiana.

12. Quiero un empleado que _____ (poder) hacer ese trabajo.

    Tenemos un empleado que _____ (poder) hacer ese trabajo.

13. ¿Conoces a alguien que _____ (ser) recién casado?

    He conocido a un muchacho que _____ (ser) recién casado.

Use the subjunctive in the sentences that refer to future action and the indicative in those that do not.

14. Voy a ayudarte hasta que _____ (terminar) el trabajo.

    Siempre te ayudo hasta que _____ (terminar) el trabajo.

15. Siempre pongo un anuncio cuando _____ (necesitar) un empleado.

    Pondré un anuncio cuando _____ (necesitar) un empleado.

16. Lavaré el coche cuando _____ (tener) tiempo.

    Siempre lavo el coche cuando _____ (tener) tiempo.

17. Se lo diré en cuanto ellos _____ (llegar).

    Generalmente se lo digo en cuanto ellos _____ (llegar).

Complete each sentence with the subjunctive after verbs and expressions of doubt, uncertainty, or disbelief; use the indicative to express certainty.

18. Dudo que ellos _____ (querer) trabajar en este taller.

    No dudo que ellos _____ (querer) trabajar en este taller.

19. No estoy seguro de que él _____ (tener) un coche bueno.

    Estoy seguro de que él _____ (tener) un coche bueno.

20. Es probable que nosotros _____ (salir) el sábado.

    Es seguro que nosotros _____ (salir) el sábado.

21. Creo que el partido _____ (empezar) a las ocho.

    No creo que el partido _____ (empezar) a las ocho.

In the following sentences, use the subjunctive when the main clause denies what the subordinate clause expresses, and use the indicative when it does not.

22. No es verdad que el policía me _____ (haber puesto) una multa.

Es verdad que el policía me _____ (haber puesto) una multa.

23. Niego que nosotros _____ (haber dicho) eso.

No niego que nosotros _____ (haber dicho) eso.

F. **¿Cómo se dice...?** Write the following dialogues in Spanish.

1. "Do you have to talk with your mechanic, Miss Soto?"
   "Yes, I hope he has arrived. I asked him to come at ten."

   _____

   _____

2. "The mechanic suggested that I buy new tires."
   "I hope you've bought them."

   _____

   _____

3. "I don't think that Pedro has installed a new water pump in the car yet."
   "If I were him, I would buy a new car. His is too old, and I don't think it's worth the trouble."

   _____

   _____

   _____

4. "I didn't think he had checked the car."
   "I told him to do it!"

   _____

   _____

5. "My car doesn't start."
   "If I were you, I would call a tow truck."

   _____

   _____

6. "If you have a flat, you'll have to change the tire."
   "I don't have a jack in my trunk."

   _____

   _____

G. Crucigrama

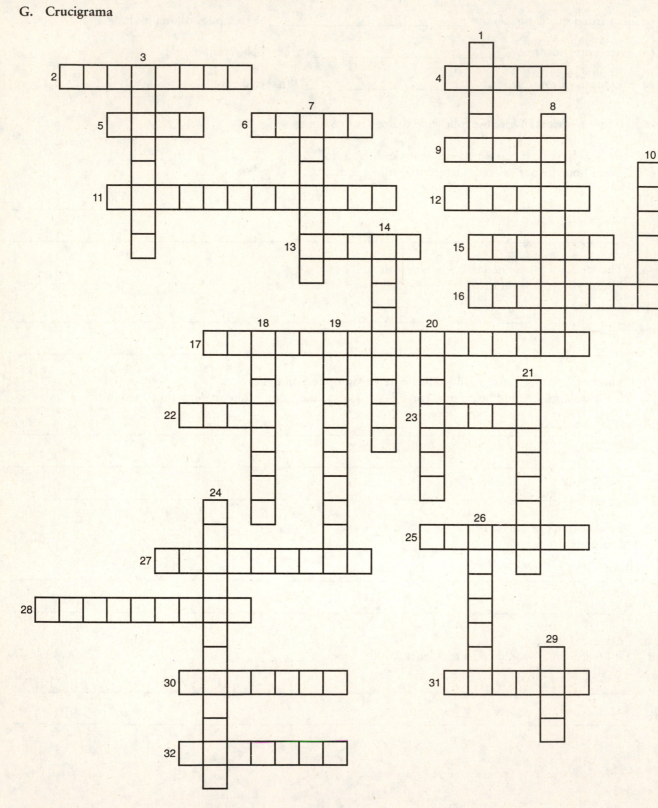

Horizontal

2. La goma tiene un _____.
4. El policía me puso una _____.
5. No vale la _____.
6. La _____ de mi coche es JKG234.
9. El coche necesita una _____ de agua nueva.
11. No funciona; está _____.
12. Los necesito para parar el coche.
13. opuesto de **vacío**
15. El mecánico _____ el motor del coche.
16. parte del coche donde se ponen las maletas
17. Los uso cuando estoy manejando y llueve.
22. remolcador
23. Voy a hacerlo _____ mismo.
25. parte del coche que uso para manejarlo
27. ¿Cómo se dice "*highway*"?
28. ¿Cuál es la _____ máxima?
30. Son recién _____. Se casaron ayer.

31. Mi coche tiene dos _____ de aire.
32. Tengo un teléfono _____ en mi coche.

Vertical

1. El motor hace un _____ extraño.
3. revisar
7. El mecánico _____ el coche ayer.
8. estación de servicio
10. Vamos _____ a San José.
14. llanta
18. persona que arregla coches
19. batería
20. No podemos ir. El coche no _____.
21. La ponemos en el tanque del coche.
24. guantera
26. Allí hay un _____ que dice San José.
29. Lo necesito para cambiar la goma.

H. **¿Qué pasa aquí?** Look at the illustration and answer the following questions.

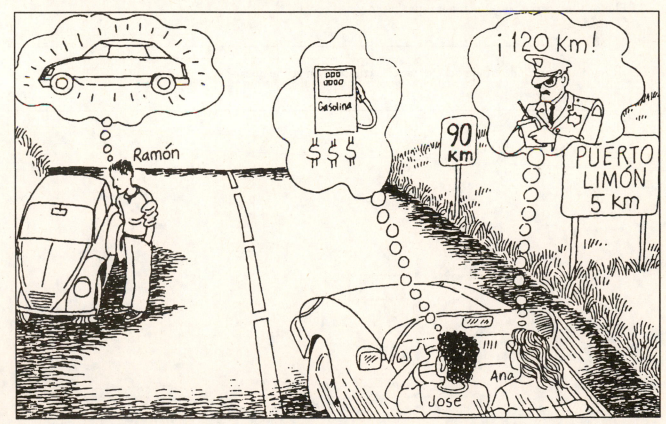

1. ¿A qué distancia están Ana y José de Puerto Limón?

_____

2. ¿Cree Ana que José está manejando muy rápido?

_____

3. ¿Cuál es la velocidad máxima en la carretera?

    _____

4. ¿Qué diferencia hay entre la velocidad máxima y la velocidad a la que maneja José?

    _____

5. ¿Qué cree Ana que hará el policía?

    _____

6. ¿Qué tendrá que hacer José en cuanto llegue a una estación de servicio?

    _____

7. ¿José piensa que la gasolina va a ser cara o barata?

    _____

8. ¿Qué problema tiene el coche de Ramón?

    _____

9. El motor no arranca. ¿Qué tendrá que hacer con el coche?

    _____

10. ¿Ramón preferiría llevar el coche al taller o comprar un coche nuevo?

    _____

Laboratory Activities

I. Para escuchar y contestar

Diálogo: *¡Este coche no sirve!*

The dialogue will be read first without pauses. Pay close attention to the speakers' intonation and pronunciation.

Gloria y Julio, una pareja de recién casados, están de vacaciones en Costa Rica. Ahora están en la carretera, camino a San José.

GLORIA —¡Julio, estás manejando muy rápido! La velocidad máxima es de noventa kilómetros por hora. ¡Si te ve un policía, te va a poner una multa!

JULIO —No te preocupes. ¿Dónde estamos? ¿Tú tienes el mapa?

GLORIA —Está en el portaguantes pero, según ese letrero, estamos a cuarenta kilómetros de San José.

JULIO —¿Hay una gasolinera cerca? El tanque está casi vacío.

GLORIA —Es una lástima que no hayas llenado el tanque antes...

JULIO —Si me lo hubieras dicho antes, lo habría hecho.

GLORIA —¡Hablas como si yo tuviera la culpa!

JULIO —¿Y a quién voy a culpar? Mira, allí hay una estación de servicio.

Julio para en la estación de servicio para comprar gasolina.

JULIO —Llene el tanque, por favor. Además, ¿podría revisar el aceite y las llantas?

EMPLEADO —Sí, señor.

JULIO —Ayer tuve un pinchazo y cuando fui al taller, el mecánico me dijo que necesitaba neumáticos nuevos.

EMPLEADO —Sí, si yo fuera Ud., los cambiaría... y también compraría un acumulador nuevo.

GLORIA —¡Ay, Julio! El mecánico también te dijo que arreglaras los frenos e instalaras una bomba de agua nueva.

JULIO —Haremos todo eso en San José, si es necesario.

GLORIA —¿No dijiste que también cambiarías el filtro del aceite y que comprarías limpiaparabrisas nuevos?

JULIO —Si yo hubiera sabido que íbamos a tener tantos problemas, habría comprado un coche nuevo antes de salir de viaje.

GLORIA —Sí, porque vamos a gastar una fortuna en arreglos.

JULIO —¡Y ayer el motor estaba haciendo un ruido extraño...!

Cuando Julio trata de arrancar, el coche no funciona.

JULIO —¡Ay, no! Tendremos que llamar una grúa para remolcar el coche hasta San José.

GLORIA —No vale la pena. Yo lo dejaría aquí.

JULIO —¡Estoy de acuerdo contigo! Si yo pudiera, compraría un coche nuevo ahora mismo.

Now the dialogue will be read with pauses for you to repeat what you hear. Imitate the speakers' intonation patterns.

Preguntas y respuestas

You will now hear questions about the dialogue. Answer each one, omitting the subject. The speaker will confirm your response. Repeat the correct response.

Situaciones

The speaker will present several situations based on the dialogue. Respond appropriately in Spanish to each situation. The speaker will confirm your response. Repeat the correct response. Follow the model.

> MODELO: You ask what the speed limit is on the freeway.
> **¿Cuál es la velocidad máxima en la autopista?**

II. Pronunciación

- When you hear the number, read the corresponding sentence aloud. Then listen to the speaker and repeat the sentence.

1. Ahora están en la carretera.
2. El mapa está en el portaguantes.
3. El tanque está casi vacío.
4. Para en la estación de servicio.
5. ¿Podría revisar el aceite?
6. Dijiste que cambiarías el filtro.
7. Necesitamos limpiaparabrisas nuevos.
8. El motor hace un ruido extraño.
9. ¿Hay una gasolinera cerca?
10. La grúa va a remolcar el coche.
11. Cuando lleguemos habremos gastado una fortuna.
12. Yo habría cambiado los neumáticos.

III. ¡Vamos a practicar!

A. Change each statement you hear, using the cue provided and the pluperfect subjunctive. The speaker will confirm your response. Repeat the correct response. Follow the model.

> MODELO: Teresa ya había hablado con el mecánico.   (Mamá esperaba)
> **Mamá esperaba que Teresa ya hubiera hablado con el mecánico.**

1. (No era verdad)	4. (Ellos temían)	7. (Ellos no creían)
2. (Yo temía)	5. (Yo esperaba)	8. (Yo dudaba)
3. (No era verdad)	6. (No era cierto)	

B. Respond to each question by saying what you would do if things were different, using the cue provided and the imperfect subjunctive. The speaker will confirm your response. Repeat the correct response. Follow the model.

> MODELO: —¿Por qué no compras ese coche?   (ser más barato)
> **—Lo compraría si fuera más barato.**

1. (poder)	3. (tener calor)	5. (gustarme)
2. (tener dinero)	4. (tenerlo)	6. (ser más temprano)

C. You will hear a series of statements about things that *would* have happened. Complete each one by adding an "if" clause, using the cue provided. The speaker will confirm your response. Repeat the correct response. Follow the model.

> MODELO: Yo habría venido.   (tener tiempo)
> **Yo habría venido si hubiera tenido tiempo.**

1. (poder)
2. (tú—ayudarme)

3. (ser necesario)
4. (estar vacío)

5. (tener prisa)

D. The speaker will ask you some questions. Answer them using the cues provided. The speaker will confirm your response. Repeat the correct response. Follow the model.

> MODELO: —¿Qué necesitas que yo haga?   (llamar una grúa)
> **—Necesito que llames una grúa.**

1. (Costa Rica)
2. (Santiago)
3. (arreglar el coche)
4. (cobrar mucho)

5. (sí)
6. (no)
7. (sí, a un muchacho)

8. (llamar a mi amigo)
9. (traer el coche el lunes)
10. (no)

IV. Ejercicios de comprensión

A. You will now hear some statements. Circle L if it is logical (**lógico**) and I if it is illogical (**ilógico**). The speaker will confirm your response.

1. L   I
2. L   I
3. L   I
4. L   I

5. L   I
6. L   I
7. L   I

8. L   I
9. L   I
10. L   I

B. Before listening to the dialogues in this section, study the comprehension questions below. Reviewing the questions ahead of time will help you to remember key information as you listen.

1. ¿Por qué le dieron una multa a Ernesto?
2. ¿Cuál era la velocidad máxima?
3. ¿A qué velocidad iba Ernesto?
4. ¿Por qué iba tan rápido?
5. ¿Qué hora era?
6. ¿Ernesto llegó tarde?
7. ¿De cuánto fue la multa?
8. ¿Qué quiere la señorita que haga el dependiente?
9. ¿Qué debe revisar el dependiente?
10. ¿Qué problema tiene una de las gomas?
11. Según el mecánico, ¿qué sería mejor?
12. ¿Cuánto cuesta una goma?
13. ¿Va a comprar la goma la señorita?
14. ¿Por qué volvió a casa en ómnibus Fernando?
15. ¿Qué tuvo que llamar Fernando?
16. ¿Dónde dejó el coche?
17. ¿Qué dijo el mecánico que necesitaba el coche?

18. ¿Tiene el coche otros problemas?
19. ¿Qué va a hacer el mecánico?
20. ¿Cuándo va a ir Fernando al taller?
21. ¿Qué le habría dicho Adela al mecánico?
22. ¿Cómo va a ir Fernando a la oficina?

Listen carefully to each dialogue and then answer the questions, omitting the subject and replacing direct objects with direct object pronouns. The speaker will confirm your response. Repeat the correct response.

V. Para escuchar y escribir

Tome nota

You will hear a conversation in which Mr. Peña and his mechanic discuss repairs that need to be made to Mr. Peña's car. First listen carefully for general comprehension. Then, as you listen for a second time, fill in the information requested.

ARREGLAR	CAMBIAR	LIMPIAR	INSTALAR
1. _____	1. _____	1. _____	1. _____
2. _____	2. _____	2. _____	
	3. _____		

Dictado

The speaker will read six sentences. Each sentence will be read twice. After the first reading, write what you heard. After the second reading, check your work and fill in what you missed.

1. _____
2. _____
3. _____
4. _____
5. _____
6. _____

Check Your Progress

Lección 17

A. Using the imperfect subjunctive, write sentences describing three things that each of the following people told the others to do.

1. El profesor (la profesora) nos dijo que...

   _____

   _____

   _____

2. Yo le dije a mi mejor amigo(-a) que...

   _____

   _____

   _____

B. Complete the following sentences in your own words, using the imperfect subjunctive.

1. En mi familia no había nadie que _____.

2. Yo no tenía muchos amigos que _____.

3. Buscábamos un coche que _____.

4. El profesor no creía que nosotros _____.

5. Yo no quería que tú _____.

C. Complete the following sentences in your own words, using the appropriate prepositions.

1. Elena está enamorada _____.

2. Carlos quiere casarse _____.

3. Ana quiere aprender _____.

4. Yo le voy a enseñar a David _____.

5. Mi mamá nunca se acuerda _____.

6. Mi papá siempre se olvida _____.

7. El profesor siempre insiste _____.

D. Answer the following questions, using complete sentences.

1. ¿Tú sabes poner inyecciones?

_____

2. ¿Te gustaría ser médico(-a) o enfermero(-a)? ¿Por qué o por qué no?

_____

3. ¿Cuándo fue la última vez que tuviste gripe?

_____

4. ¿Cuáles son los síntomas (*symptoms*) de la gripe?

_____

5. La última vez que fuiste al médico, ¿qué te dijo que hicieras?

_____

6. ¿Cada cuánto tiempo (*How often*) vas al médico?

_____

7. ¿Estás enamorado(-a) de alguien?

_____

8. ¿Con quién te casaste o con quien piensas casarte?

_____

Lección 18

A. Complete the following sentences, using the present perfect subjunctive of the verbs given in parentheses.

1. Ellos temen que el coche no _____ (arrancar).

2. No creo que tú ya _____ (arreglar) los frenos.

3. Dudo que el mecánico _____ (instalar) la bomba de agua.

4. No es verdad que Uds. _____ (poner) los mapas en el portaguantes.

5. No es cierto que yo _____ (tener) un pinchazo.

B. Complete the following sentences in your own words, using the pluperfect subjunctive.

1. Mis padres se alegraron de que yo _____.

2. Mis amigos no creyeron que el coche _____.

3. Yo esperaba que el mecánico _____.

4. Mi hermano temía que nosotros _____.

5. Tú dudabas que tus amigos _____.

C. Complete each sentence with the Spanish equivalent of the words in parentheses.

1. Yo compraría el coche _____ (*if I had money*).

2. Nosotros iríamos a la gasolinera _____ (*if we could*).

3. Ella me habla _____ (*as if she were my mother*).

4. Vamos a ir a verte _____ (*if we have time*).

5. _____ (*If you see the mechanic*), díganle que venga temprano.

D. Write a brief dialogue between a mechanic and a client who are discussing car problems.

_____

_____

_____

_____

_____

_____

_____

_____

_____

_____

_____

_____

_____

_____

_____

_____

_____

_____

_____

Repaso

The speaker will ask you some questions. Answer each one, using the cue. The speaker will confirm your response. Repeat the correct response.

1. (California)
2. (a la playa)
3. (a las montañas)
4. (sí)
5. (dos años)
6. (en septiembre)
7. (no)
8. (periodismo)
9. (ciencias)
10. (matemáticas)
11. (no)
12. (una "B")
13. (ir de vacaciones)
14. (dos semanas)
15. (sí)
16. (a las nueve)
17. (sí, mi pasaporte)
18. (sí)
19. (México)
20. (un apartamento)

21. (sí)
22. (sí)
23. (no)
24. (sí)
25. (no)
26. (sí)
27. (sí)
28. (ocho)
29. (sí)
30. (un coche)
31. (un Mercedes)
32. (60.000 dólares)
33. (los frenos)
34. (sí)
35. (junio)
36. (sí)
37. (pescado y ensalada)
38. (manzanas y peras)
39. (sí)
40. (una comedia)

Workbook
Answer Key

Answers to Workbook Exercises

Lección 1

A. 1. jota-o-ere-ge-e de-i-a-zeta   2. e-ve-a a-erre-i-o-ele-a   3. ce-a-ere-ele-o-ese pe-e-eñe-a

B. 1. quince   2. veinticuatro   3. treinta
4. catorce   5. diecinueve   6. trece
7. diecisiete   8. doce

C. 1. verde   2. rosado   3. gris   4. anaranjado
5. morado

D. lunes / martes / miércoles / jueves / viernes /
sábado / domingo

E. 1. junio, julio, agosto   2. septiembre, octubre,
noviembre   3. marzo, abril, mayo
4. diciembre, enero, febrero

F. 1. tú   2. ella   3. usted   4. nosotros
5. nosotras   6. ellos   7. él   8. ustedes   9. yo

G. eres / soy / es / son / somos / son

H. 1. —¿Cómo te llamas? / Me llamo Fernando
Ruiz. / —¿Eres profesor? / —No, soy estudiante.
2. —Buenos días. ¿Qué tal? / —Muy bien.
¿Qué hay de nuevo? / —No mucho.   3. —¿Qué
fecha es hoy? / —Hoy es el once de octubre.
4. —Nos vemos el lunes. / —Adiós. (Chau.)

I. *Horizontal:* 1. mayo   2. norteamericana
5. miércoles   7. profesora   8. universidad
11. auxiliar   13. sábado   17. analista
18. febrero   20. agosto   21. está
23. Paraguay   24. Ecuador   25. primavera
26. Colombia
Vertical: 1. Mucho   3. recepcionista
4. nuevo   6. enfermera   9. lunes
10. catorce   12. llamo   14. once   15. Hasta
16. nosotros   19. octubre   20. Argentina
22. somos   24. ellos

J. 1. Rachel Wilson es norteamericana.   2. Rachel
es recepcionista.   3. No, Julián Gómez es
auxiliar de vuelo.   4. Julián es de México.
5. El doctor Paz es chileno.   6. El doctor Paz
es médico.   7. Graciela Calderón es de
Caracas (Venezuela).   8. Graciela es maestra.

Lección 2

A. 1. un   2. un   3. un   4. unas   5. un
6. unos   7. una   8. unas   9. unos   10. unas
11. unos   12. unos

B. 1. las   2. la   3. la   4. el   5. las   6. las
7. las   8. el   9. los   10. los

C. 1. Hay cuarenta y cuatro borradores.   2. Hay
noventa y ocho lápices.   3. Hay setenta y cinco
cuadernos.   4. Hay cien plumas.   5. Hay
cincuenta y tres mapas.   6. Hay ochenta y dos
sillas.   7. Hay sesenta y seis libros.   8. Hay
cuarenta y tres pizarras.   9. Hay treinta y ocho
relojes.   10. Hay noventa y seis pupitres.

D. 1. Son las siete — —.   2. Son — seis y veinte.
3. Es la una y —.   4. Son las — menos cinco.
5. Son las dos — cuarto.   6. Son las — menos
veinticinco.   7. — las nueve.

E. 1. La clase de psicología es los lunes, miércoles
y viernes a las ocho.   2. La clase de biología es
los lunes, miércoles y viernes a las nueve.
3. La clase de historia es los martes y jueves a
las diez.   4. La clase de literatura es los lunes,
miércoles y viernes a la una.   5. La clase de
danza aeróbica es los lunes y miércoles a las
siete de la noche.

F. 1. e   2. c   3. a   4. b   5. d

G. 1. tomas / tomo / trabajas / trabajo / estudio
2. regresan / regresamos / regresa   3. necesita /
necesito   4. deseas / deseo

H. 1. ¿Trabaja ella en el hospital? / No, (ella) no
trabaja en el hospital.   2. ¿Hablan español los
estudiantes? / No, (los estudiantes) no hablan
español.   3. ¿Necesitan ellos estudiar mucho? /
No, (ellos) no necesitan estudiar mucho. /

I. 1. La Sra. Gómez necesita la dirección de
Marta.   2. Ana trabaja con la profesora de
Julio.   3. Los estudiantes de la Dra. Soto
regresan a las cuatro.   4. La secretaria de la
Sra. Juárez no trabaja hoy.   5. Yo necesito el
número de teléfono de Sergio.

J. 1. —¿Cómo te llamas? / —Me llamo Carlos
Vázquez. / —Mucho gusto, Carlos. / —El gusto
es mío.   2. —¿Qué quiere decir, "pizarra"? /
—Quiere decir *blackboard*. / ¿Cómo se dice
"reloj"?   3. —¿Qué hora es? / —Son las cinco
menos veinte. / —¿A qué hora es la clase? /
—Es a las ocho de la mañana   4. —Perdón,
Dr. (Dra.) López. / —Pase y tome asiento. /
—Gracias.   5. —¿Cuántos estudiantes hay en
la clase? / —Hay cuarenta y seis estudiantes.

K. *Horizontal:* 1. inglés   4. sillas   9. Hay
10. ventana   12. primer   13. domicilio
15. asiento   16. mapa   19. clases

21. trabajan 23. escritorio 24. alemán
25. gusto
Vertical: 2. libros 3. cuaderno 5. luz
6. pluma 7. reloj 8. pared 9. hora
11. toma 12. perdón 14. Cuántos
17. pupitre 18. estudio 20. avenida
22. gracias

L. 1. F 2. F 3. F 4. F 5. V 6. F 7. V
8. F 9. V 10. F 11. V 12. F

Lección 3

A. 1. los / la / los / las / la / La 2. Los
3. Los / el 4. El / la 5. Los / la

B. 1. nuestra 2. sus (los / ella) 3. tu
4. nuestros 5. su (el / ellos) 6. mis
7. su (el / Uds.) 8. su (la / Ud.)

C. 1. Mis amigos son de Venezuela. 2. Nuestra
profesora es de Bolivia. 3. Mi amiga trabaja
en el hospital. 4. Sí, nuestros amigos son de
México. 5. No, yo no necesito hablar con su
profesora. 6. Sí, Elsa necesita tus libros.

D. 1. ciento diez 2. ochocientos cuarenta y cinco
3. quinientos catorce 4. setecientos sesenta
5. doscientos ochenta y tres 6. seiscientos
setenta y dos 7. novecientos cincuenta y siete
8. mil 9. mil trescientos noventa y uno.
10. tres mil cuatrocientos setenta y nueve

E. 1. Los / mexicanos 2. una / alta 3. El /
español 4. Las / simpáticas 5. El / rubio
6. Las / norteamericanas 7. La / argentina
8. La / difícil

F. 1. — / comes / come / — / comen 2. creo / — /
cree / creemos / — 3. bebo / bebes / bebe /
bebemos / beben 4. escribo / — / escribe / — /
escriben 5. — / recibes / — / recibimos / —
6. decido / decides / decide / decidimos /
deciden

G. 1. comen / comemos / como 2. lee / leo
3. viven / vivimos / vives / vivo / vive
4. escriben / escribo / escribe 5. aprendes /
aprendo

H. 1. viene / tiene 2. venimos / tenemos
3. vengo / tengo 4. vienen / tienen 5. tienes /
vienes

I. 1. tengo que 2. tienen que 3. tienes que
4. tenemos que 5. tiene que

J. 1. —¿Está Marisa? / —No, no está. Regresa a
las nueve de la noche. / —Entonces llamo más
tarde. 2. —¿Está Carlos? / —Con él habla.
3. —¿Tú tienes que trabajar esta noche, Anita?
/ —No, tengo que estudiar con mis amigas
Amalia y Olga. 4. ¿Cómo es Lidia? / —Es una

chica muy bonita y simpática. 5. —¿Uds.
vienen a la universidad los viernes? / —No,
(nosotros) no tenemos clases los viernes.

K. *Horizontal:* 3. debemos 5. Cuándo
8. dinero 9. informe 10. pesimista
11. delgado 12. muchachas 15. bajas
18. Cómo 19. teléfono 22. esta 23. abogado
24. antipático
Vertical: 1. examen 2. casa 4. biblioteca
5. cafetería 6. amigo 7. parte
13. universitarios 14. artículo
16. sentimentales 17. Mañana 20. morena
21. guapos

L. 1. Son las cinco. 2. Alicia desea hablar con
Marta. 3. No, no está. 4. Regresa a las
nueve. 5. Llama más tarde. 6. Pierre habla
con Michèle. 7. Hablan francés. 8. Son de
París. 9. Gonzalo estudia con Ramiro.
10. Estudian ruso. 11. No, no desea estudiar
por la noche. 12. Sonia trabaja en el hospital.
13. Trabaja por la mañana. 14. Necesita
dinero.

Para leer: 1. No, Hilda López es chilena. 2. Es de
Chile. 3. Ahora vive en California. 4. Hilda
es enfermera y su esposo es profesor.
5. Trabaja en un hospital. 6. Los padres de
Hilda son médicos. 7. No, viven en Viña del
Mar. 8. Tienen tres hijos. Eduardo es rubio y
muy alto y las chicas son morenas y muy
bonitas. 9. Hablan inglés y español. Leen y
escriben en inglés en la escuela. 10. La familia
vive en Los Ángeles. 11. La dirección es calle
Figueroa, número ciento treinta.

Lección 4

A. 1. de la / del / del / de la 2. a la / al / los / a la /
a las / al / a los 3. al / a la / a las / al

B. 1. no tengo hambre. 2. Tienes sed 3. sueño
4. tengo frío 5. tiene calor 6. Tienes prisa

C. 1. voy / doy / estoy / 2. vas / das / estás
3. va / da / está 4. vamos / damos / estamos
5. van / dan / están

D. 1. voy a invitar 2. van a brindar 3. vas a
traer 4. va a empezar 5. vamos a bailar
6. va a dar

E. 1. —, —, prefieren 2. yo, entender, —
3. —, —, quieren 4. nosotros, cerrar, —
5. —, —, pierde 6. tú, empezar, — 7. —, —,
piensa 8. nosotros, comenzar, —

F. 1. piensa (quiere) 2. prefiere (piensa / quiere)
3. queremos (pensamos / preferimos)
4. empieza 5. entienden 6. cierra

G. 1. —¿Dónde están tus (sus) amigos(-as)? /

304 *Answers to Workbook Exercises*

—Están en la universidad. / —¿La fiesta es en el club? / —No, es en mi casa. 2. —¿Tiene Ud. prisa, Srta. Peña? / —Sí, tengo que ir al hospital. 3. —¿Va(s) a llevar a las chicas (muchachas) a la fiesta de Navidad? / —Sí. ¿A qué hora comienza (empieza)? / —Comienza (Empieza) a las ocho. 4. —¿Tienes sueño, Pablo? / —No, pero estoy muy cansado. 5. —¿Vas a invitar al hijo del Sr. Lara a tu fiesta de cumpleaños, Anita? / —No, prefiero invitar al hermano de la Srta. Peña. / —¿Cuántos años tiene él, Anita? / —Tiene 20 años.

H. *Horizontal:* 2. vaso 3. cansado 8. feliz 9. bailamos 11. España 13. entremeses 14. medianoche 16. pequeño 19. cumpleaños 22. fácil 23. nuevo 25. sed 26. compañero 27. llevo
Vertical: 1. uvas 3. celebrar 4. compactos 5. quiero 6. traigo 7. comenzamos 10. cerveza 12. bebida 15. Navidad 16. prefieren 17. fiesta 18. ocupada 20. magnífico 21. triste 24. charlar

I. 1. No, es una fiesta de cumpleaños. 2. No, es el cumpleaños de Armando. 3. Tiene veinticinco años. 4. Carmen da la fiesta. 5. No, es la hermana de Armando. 6. No baila porque está muy cansado. 7. Va a comer pollo. 8. Baila con Pablo. 9. Elsa está con Fernando. 10. Brindan con champán (sidra). 11. Tiene sed. 12. Creo que son novios.

Lección 5

A. 1. está bailando / más baja (delgada) / más alto (gordo) 2. están hablando / más bajo / más alta 3. más simpático / más antipático 4. más delgado 5. están bebiendo / más bonita (mucho menor) 6. tan bonita como

B. 1. menor / mayor 2. peor / mejor 3. peor / mejor

C. 1. —, —, puedo 2. nosotros, volver, — 3. —, —, almuerzan 4. tú, encontrar, — 5. —, —, duerme 6. yo, volar, — 7. —, —, recuerdan 8. nosotros, poder, — 9. —, —, cuesta

D. 1. Sí, puedo viajar a México este verano. 2. Cuesta quinientos dólares viajar a México. 3. Sí, mi familia y yo (nosotros) volamos a México. 4. Vuelvo a mi casa a las cinco. 5. Mis amigos y yo (Nosotros) almorzamos en la cafetería. 6. No, no recuerdo su número de teléfono.

E. 1. está comiendo un sándwich. 2. está leyendo un libro. 3. están bailando. 4. estás sirviendo 5. estoy escribiendo

F. 1. (9) está 2. (7) están 3. (6) es 4. (5) es 5. (3) somos / soy / es 6. (8) está 7. (1) es 8. (6) son 9. (7) está 10. (8) está 11. (1) es 12. (3) soy 13. (4) Son 14. (2) es

G. 1. mí / ellos / Ud. / ti / nosotros 2. nosotros / ti / mí / él / Uds. 3. ellas / -tigo / nosotros / -migo / ella

H. 1. —¿Puede Ud. ir al museo este fin de semana, Sr. Vargas? / —Yo no puedo. Tengo que trabajar, pero David puede ir. / —¿Cuál es su número de teléfono (el número de teléfono de él)? / —No recuerdo. 2. —Tu tío es muy guapo. / —Sí, pero tiene novia. / —¿Cómo es? ¿Es más bonita que yo? / —Sí, pero tú eres mucho más inteligente. 3. —¿Es Ud. menor que su hermano, Srta. Vargas / —No, yo soy dos años mayor que él. Yo soy la mayor de la familia. 4. —Tú eres la chica más bonita del mundo, Rocío. / Gracias. 5. —Yo no puedo estudiar porque no tengo tanto tiempo como tú. / —Pero tú no tienes tantas clases como yo.

I. *Horizontal:* 2. mayor 6. Unidos 7. mediana 8. incómodo 10. fotografía 14. automóvil 15. extrañar 16. sobrina 17. abuelos 19. semana 22. mejor
Vertical: 1. conduzco 3. pensión 4. hermanastro 5. pintura 8. almorzar 11. autobús 12. cuñada 13. vuelve 18. llueve 20. medicina 21. conmigo

J. 1. No, están en un hotel. 2. Hoy es sábado. 3. No, no van a almorzar juntas. 4. Mirta va a almorzar con Andrés. 5. No, Mirta es la hija de Raquel. 6. El apellido de Raquel es Torres. 7. No, Olga es la sobrina de Beatriz. 8. Olga es menor que Beatriz. 9. Beatriz es más alta. 10. Van a ir a Orlando. 11. No, van en autobús (ómnibus). 12. Van a las tres.

Para leer: 1. Son de los Estados Unidos. 2. Asisten a la Universidad de Barcelona. 3. Cindy es alta, rubia y muy simpática. 4. Robin es morena, de ojos castaños alta y delgada. 5. Cindy es mayor. 6. Piensan ir a Madrid porque quieren visitar a unos amigos que viven allí. 7. Porque es tan cómodo como el coche. 8. Prefiere los cuadros de Goya y de Velázquez. 9. Van a ir a Toledo. 10. Es una calle muy famosa de Madrid. 11. Va a comprar unos discos compactos de música española. 12. El hermano de Robin celebra su cumpleaños la semana próxima.

Lección 6

A. 1. —, sirvo, sirves, sirve, servimos, sirven 2. pedir, —, pides, pide, pedimos, piden

3. decir, digo, —, dice, decimos, dicen
4. seguir, sigo, sigues, —, seguimos, siguen
5. conseguir, consigo, consigues, consigue, conseguimos, —

B. sirven / pedimos / pide / dice / pedimos / consigue

C. 1. piensas (puedes) / puedo (pienso) / prefiero (quiero)   2. empiezan (comienzan) / Sirven / cuesta / Cuesta / pido   3. vuelven / Volvemos / empiezan (comienzan) / vuelan / Volamos
4. almuerzas / cierra   5. encuentro / pierdes
6. entiendes / dicen / entiendo

D. Elena nunca va a San Francisco y su esposo no va tampoco. Nunca compran nada porque no tienen mucho dinero. Ninguno de sus amigos los visita los domingos, y Elena no sirve (ni) vino ni refrescos. Elena no es muy simpática y su esposo no es muy simpático tampoco.

E. 1. Salgo a las siete.   2. Conduzco un Ford.
3. Sí, traigo los libros a la universidad.   4. Sí, conozco a muchos de los estudiantes de la universidad.   5. No, no sé el número de teléfono de mi profesor.   6. Sí, traduzco del inglés al español.   7. Hago la tarea por la noche.   8. Pongo mis libros en mi escritorio.
9. Veo a mis amigos los domingos.

F. 1. Nosotros conocemos a Teresa.   2. Yo sé el poema de memoria.   3. Elsa no conoce California.   4. Ellos saben hablar inglés.
5. Tú conoces las novelas de Cervantes.
6. Armando no sabe hablar alemán.

G. 1. me   2. lo   3. los   4. las   5. las   6. lo
7. te   8. nos   9. las   10. la

H. 1. Puedo traerlas (Las puedo traer) mañana.
2. Sí, puedo llamarte (te puedo llamar) esta noche.   3. No, no la tengo.   4. Sí, las aceptan.
5. Mi tío me lleva.   6. Sí, voy a firmarlo (lo voy a firmar).   7. Sí, voy a visitarlos (los voy a visitar).   8. Mi prima va a llevarnos (nos va a llevar).

I. 1. hace frío / hace viento   2. hace calor / hace sol   3. hace frío / nieva.   4. llueve

J. 1. —¿Compra(s) algo cuando viaja(s)? / —No, yo nunca compro nada. / —Yo nunca compro nada tampoco.   2. —¿Qué está diciendo Isabel? / —No está diciendo nada.
3. —¿Necesitas las llaves, Anita? / —Sí, las necesito. ¿Puede(s) traerlas esta noche, por favor?   4. —Quiero (Deseo) un cuarto (una habitación) con vista a la calle. / —Tengo uno (una) que está libre. / —Bien. ¿Tengo que firmar el registro? / —Sí, tiene que firmarlo. (Sí, lo

tiene que firmar.)   5. —¿A qué hora sirven el desayuno? / —El desayuno es a las ocho, el almuerzo es a las dos y la cena es a las nueve.

K. *Horizontal:* 3. vista   4. elevador
6. almuerzo   7. lista   10. algo   11. oficina
12. jabón   16. baño   17. habitación
19. empleado   21. llaves   22. ruinas
23. cenar   26. oro   27. sirven   29. confirmar
30. nadie   31. pocos   32. nunca
Vertical: 1. servicio   2. toalla   3 visito
5. luego   8. firmar   9. maleta   13. barato
14. viajero   15. fotográfica   16. botones
18. tarjetas   19. enseñar   20. piden
24. derecha   25. sencillo   28. embajada

L. 1. El desayuno es a las siete.   2. El almuerzo es a las doce.   3. La cena es a las ocho.   4. No, es con vista a la calle.   5. Es una habitación doble.   6. Sí, el cuarto tiene baño privado.
7. Tienen dos maletas.   8. No tiene la llave del cuarto (de la habitación).   9. Quiere comprar una cámara fotográfica. Cuesta trescientos cincuenta dólares.   10. Javier está en el (cuarto de) baño.   11. Va a pedir jabón.   12. Hay dos toallas.

Lección 7

A. 1. a. estos libros   b. este jabón   c. esta toalla
d. estas maletas (valijas) (este equipaje)
2. a. esa tarjeta de crédito   b. esos discos compactos   c. ese mapa   d. esas chicas (muchachas)   3. a. aquellas sillas   b. aquel teléfono   c. aquella muchacha (chica)
d. aquellos muchachos (chicos)

B. 1. Carlos me trae jabón.   2. Carlos les trae una cámara fotográfica.   3. Carlos nos trae cheques de viajero.   4. Carlos le trae la llave.
5. Carlos te trae una grabadora.   6. Carlos le trae un bolso de mano.   7. Carlos les trae los pasajes.   8. Carlos le trae el desayuno.

C. 1. Le voy a dar (Voy a darle) el dinero a Raúl.
2. No, no te voy a comprar (no voy a comprarte) nada.   3. Me va a traer (Va a traerme) el equipaje.   4. Les voy a comprar (Voy a comprarles) un reloj.   5. Nos sirve pollo y ensalada.   6. Le voy a prestar (Voy a prestarle) cien dólares.

D. 3. — gusta el libro.   4. Le gustan las plumas.
5. — gusta su trabajo.   6. — gusta este restaurante.   7. — gusta esta ciudad.   5. Les gusta trabajar.   9. Me gusta bailar.   10. Te gusta esta agencia.   11. Le gusta viajar.
12. Nos gustan los asientos de pasillo.
13. Les gustan los profesores (las profesoras).

E. 1. A mí me gusta más viajar en barco. 2. A ella le gusta más el asiento de ventanilla. 3. A nosotros nos gusta más esta agencia de viajes. 4. A ellos les gusta más ir a México. 5. A ti te gustan más estas maletas. 6. A Uds. les gusta más salir por la mañana.

F. 2. Hace dos días que — trabajas. 3. Hace un mes que — viaja. 4. Hace cuatro horas que ella lee. 5. Hace seis horas que él duerme. 6. Hace dos horas que — bailan. 7. Hace dos horas que ellos escriben.

G. 1. Hace once meses que vivo aquí. 2. Hace veinte minutos que estoy aquí. 3. Hace dos años que estudio en esta universidad. 4. Hace cuatro meses que no veo a mis padres. 5. Hace seis horas que no como.

H. 2. —, trabajaste, trabajó, —, trabajaron 3. cerré, cerraste, —, cerramos, cerraron 4. empecé, —, empezó, empezamos, empezaron 5. llegué, llegaste, llegó, —, llegaron 6. busqué, buscaste, buscó, buscamos, — 8. bebí, bebiste, —, bebimos, bebieron 9. —, volviste, volvió, volvimos, volvieron 10. leí, leíste, —, leímos, leyeron 11. —, creíste, creyó, creímos, creyeron 13. escribí, —, escribió, escribimos, escribieron 14. recibí, recibiste, recibió, —, recibieron 15. abrí, abriste, —, abrimos, abrieron

I. *Verbs:* salí / llegué / estudiamos / comimos / trabajé / Volví / leí / cené / llamaron

J. 1. —¿Le gustan estos bolsos de mano, señorita? / —Sí, pero me gustan más aquéllos. 2. —¿A Roberto le gusta viajar por avión? / —No, él prefiere viajar por (en) tren. 3. —¿Cuánto tiempo hace que Ud. vive en la capital, Sr. Valera? / —Hace diez años que vivo aquí. 4. —¿A qué hora salieron ellos de casa hoy? / —Salieron a las siete. Van a llegar tarde. 5. —¿Vas a prestarles (Les vas a prestar) tus maletas (valijas), Rosita? / —No, no puedo prestarles (no les puedo prestar) mis maletas (valijas) porque yo las necesito. 6. —¿Qué le contó ella, Srta. Vargas? / Todo lo que pasó.

K. *Horizontal:* 2. viajero 4. devolver 5. apuro 7. retraso 9. supuesto 11. próximo 12. billete 15. viajes 17. mandar 19. fumar 20. entrada *Vertical:* 1. sobre 3. charlamos 6. ventanilla 8. equipaje 10. embarque 12. bolso 13. turista 14. llegar 15. vuelta 16. avión 18. durante

L. 1. Están en la agencia de viajes Ameritour. 2. Cuatro agentes de viajes trabajan en la agencia. 3. Quiere viajar a Lima. 4. Va a viajar por (en) avión. 5. Puede viajar el cuatro de marzo. 6. Cuesta trescientos dólares. 7. Hay vuelos a Lima los martes, jueves y sábados. 8. Quiere viajar a la capital de Paraguay. 9. Quiere viajar en tren. 10. Hay tren para Asunción los lunes y miércoles. 11. Quiere viajar a Rosario. 12. Sí, va con alguien. Lo sé porque compra dos pasajes (billetes). 13. No, va a comprar dos pasajes de ida y vuelta. 14. Reserva un asiento de ventanilla. Lo reserva en la sección de no fumar.

Para leer: 1. Planean ir de vacaciones en agosto. 2. Quiere viajar a España. 3. Viven en Sevilla. 4. Hace tres años que no los ve. 5. No, quiere ir a Canadá. 6. Quiere visitar Montreal, Toronto y Quebec. 7. Quiere pasar dos semanas en Canadá. 8. Rubén convence a Marisol. 9. No, van a viajar en primera clase. 10. Reservan un asiento de ventanilla y un asiento de pasillo. 11. Les escribe a sus padres. 12. Van a llegar a Sevilla el trece de agosto.

Lección 8

A. 2. — me lo/la das. 3. Yo — lo/la doy. 4. Nosotros se lo/la —. 5. Ellos nos lo/la dan. 6. Yo se lo/la doy. 7. — se lo/la das.

B. 1. me / los 2. se / la 3. nos / las 4. te / lo 5. se / lo 6. te / las

C. 1. Mi hermano me los compra. 2. Se las presto a Carmen. 3. Sus amigos se las mandan. 4. Mi prima va a prestármelo. (Mi prima me lo va a prestar.) 5. Mi tío nos lo manda. 6. Sí, yo puedo traértelas. (Sí, yo te las puedo traer.)

D. fuimos / fue / di / dieron / fueron / Fue

E. 1. sirvieron / pidieron / pedí / pidió 2. durmieron / dormí / durmieron 3. consiguieron 4. murieron / murió 5. repitió / mintió

F. 1. noveno 2. cuarto 3. quinto 4. tercero 5. sexto 6. primero 7. octavo 8. segundo 9. décimo 10. séptimo

G. 1. Ella pasa por el banco. 2. El dinero es para María. 3. Viajamos por tren. 4. Hay vuelos para Buenos Aires. 5. Necesito el vestido para el sábado. 6. Pago diez dólares por esta maleta (valija). 7. Vengo por la noche. 8. Me dio cinco dólares para comprar el libro.

H. 1. (9) para 2. (4) por 3. (1) por 4. (5) por 5. (6) por 6. (3) por 7. (8) para

8. (10) para   9. (9) para   10. (11) para
11. (2) por

I. 1. —¿Alina le pidió dinero a su padre? / —Sí, y
él se lo dio.   2. —¿Adónde fue Ud. anoche, Sr.
Varela? / —Fui al teatro con mi esposa.
3. —¿Tú diste (Ud. dio) una fiesta para Octavio
y Elena? / —Sí, ayer fue su aniversario de
bodas.   4. —¿Qué me recomienda Ud., Srta.
Vargas? / —Le recomiendo la especialidad de la
casa: bistec y langosta.   5. —¿Cuánto pagó él
por la cena? / —Cien dólares, pero fue una cena
magnífica.

J. *Horizontal:* 2. tenedor   4. excelente
7. cucharita   9. especialidad   11. helado
12. camarera   14. pescados   15. fritas
16. propina   17. sabroso   20. tortilla
21. aniversario   23. cubana   25. cántaros
28. cubiertos   30. boleto   31. comedia
Vertical: 1. leche   2. taza   3. relleno
5. cuenta   6. langosta   8. tinto   10. cordero
13. botella   14. pimienta   16. postre
17. servilletas   18. anota   19. café
22. cuchara   24. encanta   26. asado
27. torta   29. beso

K. 1. Están en el restaurante La Preferida.
2. Celebran su aniversario de bodas.   3. No, no
es su segundo aniversario.   4. Le deja cinco
dólares.   5. Quiere ir al teatro Victoria.
6. Quiere ir con Lucy.   7. Cena con Delia.
8. Les recomienda langosta y camarones.
9. Pide una botella de vino.   10. Delia va a
pedir sopa y ensalada.   11. Cena con Ana y
Beto.   12. Va a pedir torta.   13. Va a pedir
helado.   14. Va a tomar (beber) café.

Lección 9

A. Tú te despiertas a las seis de la mañana y te
levantas a las seis y cuarto. Te bañas, te lavas la
cabeza, te afeitas y te vistes. A las siete y media
te vas a trabajar. Trabajas hasta las cinco y
luego vuelves a casa. No te preocupas si llegas
tarde. Lees un rato y luego comes con tu
familia. Siempre te acuestas a las diez pero no
te duermes hasta las once porque miras las
noticias.
Él se despierta a las seis de la mañana y se
levanta a las seis y cuarto. Se baña, se lava la
cabeza, se afeita y se viste. A las siete y media
se va a trabajar. Trabaja hasta las cinco y luego
vuelve a casa. No se preocupa si llega tarde.
Lee un rato y luego come con su familia.
Siempre se acuesta a las diez pero no se duerme
hasta las once porque mira las noticias.

B. 1. tú / yo / (con)tigo / La / le / (con)migo
2. se / Nos / Yo / me / Les / los   3. ti / Te / me /

le / Se / lo / Le   4. le / la le / él   5. los / Nos /
te / me / Lo

C. 1. el pelo   2. La libertad / el dinero   3. las
mujeres / los hombres   4. el vestido blanco
5. la cabeza   6. el vino / los refrescos

D. 1. suya   2. suyo   3. míos   4. suyas   5. tuyo
6. nuestra   7. suyas   8. suyo   9. mía
10. nuestras

E. 1. el tuyo   2. Las mías   3. la suya (la de él)
4. Los míos   5. La nuestra   6. el suyo (el de
Uds.)

F. 1. trajeron / trajimos / pusimos   2. hiciste /
estuve   3. pudiste / tuve   4. vino / supe
5. pidió / quiso   6. dijeron / dijimos
7. condujiste / conduje   8. tradujeron /
tradujimos

G. 1. lenta y claramente   2. especialmente
3. Generalmente   4. Desgraciadamente
5. frecuentemente   6. raramente

H. 1. —¿A qué hora se levantó Ud. hoy, Srta. Paz? /
—Me levanté a las siete, me bañé, me vestí y fui
a la peluquería.   2. —Yo dejé mi cartera en el
mostrador. ¿Dónde dejaste la tuya, Ester? / —
Yo dejé la mía en mi coche (carro/automóvil).
3. —¿Qué hiciste tú, Sandra? / —Primero, me
lavé la cabeza y luego (después) tuve que
planchar mi vestido rojo.   4. —¿Te lavaste las
manos, Tito? / —Sí, me las lavé.   5. —(Yo)
tengo que despertarme (Me tengo que
despertar) a las cinco mañana. / —Entonces
tienes que acostarte (te tienes que acostar)
temprano. / —Sí, pero primero voy a acostar a
mi hija.

I. *Horizontal:* 2. revista   3. levantarse
5. regalar   8. peluquería   10. cartera
11. gente   13. botiquín   16. semana
18. máquina   19. farmacia   20. ensuciar
21. peine   22. lacio

Vertical: 1. acordarse   2. recogedor
4. escoba   6. ducharse   7. cocina
9. aspiradora   12. cita   14. llama
15. terminar   17. champú   20. espejo

J. 1. Se levantó temprano.   2. No, no le gusta
levantarse temprano.   3. Se duchó.   4. Se lavó
la cabeza con Prell.   5. Fue a la tienda "La
Elegante".   6. Le compró un regalo.   7. Volvió
a las once.   8. Compró una revista.   9. Llamó
para pedir turno.   10. Almorzó con Julia.
11. No, no le gustan los rizos.   12. Fue a la
peluquería a las dos y media.   13. No, le pasó
la aspiradora a la alfombra.   14. Se llama
Chispa.   15. Fue para darle el regalo.   16. Se
acostó a las diez y media.

308   *Answers to Workbook Exercises*

Para leer: 1. Te levantas siempre temprano porque tienes que estar en la universidad a las ocho de la mañana. 2. Te despiertas a las seis y media. 3. Después de bañarte, afeitarte y vestirte, desayunas. 4. Te sientas allí y estudias. 5. Sales para la universidad a las siete y media. 6. No llegas tarde porque tu profesor de matemáticas es muy estricto. 7. Tienes clases toda la mañana. 8. Por la tarde vas a la biblioteca a estudiar. 9. A veces te duermes leyendo algunos de tus libros. 10. Vuelves a casa a las cinco. 11. Te desvistes, te quitas los zapatos y duermes un rato. 12. Cocinas algo para la cena, estudias o haces tu tarea y luego miras las noticias. 13. Te acuestas a las once y media. 14. Vas a un club con tus amigos porque a Uds. les gusta mucho bailar.

Lección 10

A. 1. Hace cuatro horas que ellos llegaron.
2. Hace seis años que Jorge empezó a trabajar.
3. Hace cuatro días que mis hijos vinieron.
4. Hace quince minutos que Teresa me llamó.
5. Hace un mes que nosotros volvimos de Lima.

B. 1. —, prestaba, prestabas, prestaba, prestábamos, prestaban 2. terminar, —, terminabas, terminaba, terminábamos, terminaban 3. devolver, devolvía, —, devolvía, devolvíamos, devolvían 4. nadar, nadaba, nadabas, —, nadábamos, nadaban 5. leer, leía, leías, leía, —, leían 6. salir, salía, salías, salía, salíamos, —

C. 1. eras / ibas / veías 2. era / iba / veía 3. éramos / íbamos / veíamos 4. eran / iban / veían

D. éramos / vivíamos / íbamos / gustaba / nos divertíamos / nos aburríamos / vivían / veíamos / visitábamos / comíamos / cocinaba / viajaba / traía / volvía

E. 1. fui 2. iba, vi 3. estuvo 4. estaba 5. fui 6. iba 7. dijo, necesitaba 8. Eran, llegó

F. era / vivía / íbamos / decidieron / sabía / dijo / era / aprendí / me divertí / fuimos / estuvimos

G. *Answers will vary. Possible questions:*
1. ¿Dónde vivía Eva cuando era niña?
2. ¿Adónde iban Eva y su familia todos los fines de semana? 3. ¿Qué decidieron un año sus padres? 4. ¿Eva sabía esquiar? 5. ¿Qué le dijo su papá? 6. ¿En cuánto tiempo aprendió a esquiar Eva? 7. ¿Se divirtió? 8. ¿Adónde fueron Eva y sus amigos el año pasado? 9. ¿Cuánto tiempo estuvieron allí?

H. 1. conocimos 2. conocía 3. supieron 4. sabías 5. quiso 6. quería

I. 1. —Nosotros vamos a acampar cerca del lago. / —¿Van a nadar? / —Sí, pienso llevar mi traje de baño. 2. —Nosotros nos divertíamos cuando éramos niños. / —Sí, íbamos de vacaciones a la playa y a las montañas. / —Íbamos de pesca (a pescar) todos los fines de semana. 3. —¿Ella no sabía que David era casado? / —No (ella) lo supo anoche cuando conoció a su esposa. 4. —(Yo) no vine a clase porque tuve que trabajar. / —Yo no pude venir tampoco. Estuve en el hospital toda la tarde. / —¿Qué le dijiste al profesor? / —Le dije que mi abuela estaba enferma.

J. *Horizontal:* 2. océano 4. salvavidas 7. quedarse 8. dormir 9. desierto 11. escalar 12. pescar 14. esquiar 15. traje 16. planear 18. campo 21. río 23. lago 25. apreciar 26. montar 29. sur 30. libre 31. raqueta
Vertical: 1. hospedarse 3. chileno 5. alquilamos 6. bicicleta 10. equivocado 13. campaña 15. tomar 17. enseñar 19. ojo 20. compras 22. Nadamos 24. vacaciones 27. oeste 28. aburrirse

K. 1. Sí, creo que a estas personas les gustan las actividades al aire libre. 2. No, quiere montar a caballo. 3. Va a necesitar un rifle para ir a cazar. 4. Están planeando sus vacaciones. No, no quieren ir al mismo lugar. 5. No le gusta ir de pesca. 6. Prefiere ir a la playa (tomar el sol). 7. Prefiere acampar. 8. Van a necesitar una tienda de campaña. 9. Creo que le gusta esquiar. 10. Creo que se va a divertir. (Creo que va a divertirse.) 11. Creo que van a pasar sus vacaciones en Arizona. 12. No, van a ir a una cabaña.

Lección 11

A. 2. estudie, estudies, estudie, estudiemos, estudien 4. beba, bebas, beba, bebamos, beban 6. reciba, recibas, reciba, recibamos, reciban 7. —, hagas, haga, hagamos, hagan 8. diga, —, diga, digamos, digan 9. entienda, entiendas, —, entendamos, entiendan 10. vuelva, vuelvas, vuelva, —, vuelvan 11. sugiera, sugieras, sugiera, sugiramos, — 12. duerma, duermas, duerma, —, duerman 13. mienta, mientas, mienta, mintamos, — 14. —, busques, busque, busquemos, busquen 15. pesque, pesques, pesque, pesquemos, pesquen 16. dé, —, dé, demos, den 17. esté, estés, —, estemos, estén 18. vaya, vayas, vaya, —, vayan 19. sea, seas, sea, seamos, — 20. —, sepas, sepa, sepamos, sepan

B. 2. Yo quiero que — aprendas. 3. — quieres que él salga. 4. Ella quiere que nosotros —. 5. Nosotros queremos que — venga. 6. — quieren que ellos entiendan. 7. Ellos quieren que — recuerden. 8. — quieren que nosotros estudiemos. 9. Ellos quieren que nosotros —. 10. — quiere que nosotros mintamos. 11. Yo quiero que — camines. 12. Ellos quieren que — esperen. 13. Ella quiere que él trabaje. 14. Nosotros queremos que ellos vayan.

C. 1. vaya / deposite 2. lleve / recoja 3. saquemos / paguemos 4. devuelvan / traigan 5. compre / se las dé 6. hagamos

D. 1. pidas / den 2. poder / estudies / sea 3. firmar 4. tengamos / tener / vayas / ayudes 5. ir / haga / puedas 6. lavar / laves / lleves / poder 7. hagamos / depositen 8. esté / tener

E. 1. —Espero que tengas tu talonario de cheques, Marta. / —No, no lo traje. ¡Espero que tú tengas dinero! 2. —Mi mamá no quiere que yo solicite un préstamo. / —Tiene razón... 3. No puedo pagar el coche (carro/automóvil) al contado. / —(Yo) le sugiero que lo compre a plazos, Srta. Vega. 4. —¿Qué quiere ella que (tú) hagas, Anita? / —Quiere que haga algunas diligencias.

F. *Horizontal:* 4. chequera 6. sentir 8. único 11. alegrarse 12. pantalones 15. quedarse 17. corriente 19. pobre 20. saldo 21. ojalá 22. película 23. despertador 25. manera 26. caminar 27. estacionar *Vertical:* 1. préstamo 2. gratis 3. fechar 5. gritan 7. temer 9. tintorería 10. depositar 13. contado 14. ahorros 16. diligencia 18. parecerse 24. policía 25. motocicleta

G. 1. El despertador suena a las nueve. 2. Creo que quiere quedarse en la cama hasta tarde. 3. Olga quiere que Susana se levante. 4. Va a ir al banco y a la tintorería. 5. Va a depositar doscientos dólares en su cuenta de ahorros. 6. Quiere que Celia vaya con él. 7. Sí, Celia está lista para salir. 8. Creo que va a pedir un préstamo, porque necesita dinero. 9. Quiere el dinero para comprar un coche (carro/automóvil). 10. Van a ir al banco en motocicleta.

Para leer: 1. Se despierta a las siete. 2. No, la despierta el despertador. 3. Tiene que levantarse temprano porque tiene que hacer muchas diligencias. 4. Quiere que vaya a la tintorería. 5. Tiene que llevar un abrigo y un pantalón. 6. No, no es hija única. 7. Su hermano quiere ir al gimnasio. 8. Quiere que

vaya con ella al banco. 9. Va a pedir un préstamo para comprar un coche. 10. Carla teme que el banco no le preste dinero a su hermana. 11. Tiene que llenar una solicitud. 12. No, saca dinero del cajero automático. 13. No, no tenía una cuenta de ahorros.

Lección 12

A. 2. camine, caminen 4. beba, beban 6. suba, suban 8. haga, hagan 10. esté, estén 12. comience, comiencen 13. pida, pidan 14. cuente, cuenten 15. —, vayan 16. sea, —

B. 1. Esté en la oficina a las siete. 2. Traduzca las cartas y llévelas al correo. 3. Vaya al banco y deposite los cheques. 4. Dígale al Sr. Díaz que el lunes hay una reunión. 5. Ponga los documentos en mi escritorio. No se los dé a la Srta. Valdés. 6. Mándele un fax al Sr. Uribe o llámelo por teléfono para que venga el lunes. 7. Quédese en la oficina hasta las cinco.

C. 1. Esté aquí a las diez. 2. Compren diez tarjetas. 3. Envíenselas al Sr. Alvarado. 4. Déselas a la Srta. Rojas. 5. Recójalo mañana. 6. Vayan a la ventanilla número tres. 7. Salgan por esa puerta. 8. Sí, sigan derecho.

D. 1. que 2. que 3. quienes 4. que 5. quien 6. que

E. 1. están 2. queda 3. mande 4. llegan 5. esté 6. es 7. seamos 8. consigan 9. tengamos 10. venga 11. es 12. necesitamos

F. 1. el semáforo 2. el hotel 3. la esquina 4. la cuadra 5. el buzón 6. el correo 7. el metro 8. el edificio 9. la estación 10. el parque 11. el carro

G. 1. —Creo que ella tiene los giros postales. / —No, no creo que los tenga. 2. —Él dice que yo necesito pasaporte y visa para viajar a España. / —Es verdad que necesita(s) pasaporte, pero no es verdad que necesite(s) visa. 3. —Podemos tomar el metro. / —Dudo que haya (un) metro en esta ciudad. 4. —Traiga los paquetes mañana, pero no se los dé a mi secretaria; déjelos en mi escritorio. / —¿Quiere que traiga las estampillas (los sellos) también? / —Sí, tráigalas (tráigalos), por favor. 5. —¿Dónde está el hombre que trajo el correo? / Abajo.

H. *Horizontal:* 1. correos 3. abierto 5. edificio 7. paquete 8. bajar 9. antiguo 11. estampilla 14. derecho 16. buzón 17. postal 18. puntual 19. vía 21. casillero 22. certificadas 24. computadora

25. dudamos   27. parque   28. cruzar
29. electrónico
Vertical: 2. esquina   4. extranjero
6. identificación   10. ventanilla   12. arriba
13. montón   15. semáforo   18. palacio
20. mismo   23. subterráneo   26. fax

I. 1. Va a enviarle (mandarle) un giro postal.
2. Va a enviar un paquete.   3. Se lo va a enviar
a Luis.   4. Venden estampillas en la ventanilla
número dos.   5. Va a mandar dos cartas.
6. Va a enviarlas por vía aérea.   7. No, no
quiere mandarlas (no las quiere mandar)
certificadas.   8. Sí, creo que está enojada.
9. No, no es puntual.   10. No, para Oscar no
es importante ser puntual.

Lección 13

A. 1. habla / no hables   2. come / no comas
3. escribe / no escribas   4. hazlo / no lo hagas
5. ven / no vengas   6. báñate / no te bañes
7. aféitate / no te afeites   8. duérmete / no te
duermas   9. póntelo / no te lo pongas   10. ve /
no vayas   11. sé / no seas   12. véndemelo / no
me lo vendas   13. levántate / no te levantes
14. ten / no tengas   15. sal / no salgas
16. díselo / no se lo digas

B. 1. Ve con Aurora.   2. Cómprales un
refrigerador.   3. Tráeme una lámpara.
4. Dáselas a Elena.   5. No, no se las des a José.
6. Pruébate el vestido amarillo.   7. Ponte el
abrigo verde.   8. No, no vayas / (al
apartamento) ahora.   9. No, no las pongas en
la cama.   10. No, no se lo digas a Rita.
11. Haz pollo.   12. Ven a las siete.

C. *Answers will vary.* 1. Come un sándwich.
2. Estudia.   3. No se lo des.   4. Siéntate.
5. Ve al correo (a la oficina de correos).   6. Ven
esta noche.   7. Llámala mañana.   8. Trabaja
medio día.   9. Pídeselo.   10. Acuéstate.

D. 1. ¿Cuál es su (tu) apellido?   2. ¿Cuál es su
(tu) número de teléfono?   3. ¿Qué es un
pasaporte?   4. ¿Cuál es su (tu) dirección ?
5. ¿Cuál es su (tu) número de seguro social?
6. ¿Qué es el polo?

E. 1. Vamos a un restaurante donde sirven
comidas mexicanas.   2. ¿Hay algún restaurante
donde sirvan comidas mexicanas?   3. Tengo
una empleada que habla inglés.   4. Necesito
una empleada que hable inglés.   5. Tengo una
amiga que es de España.   6. No conozco a
nadie que sea de España.   7. Hay un señor que
quiere comprarlo.   8. No hay nadie que quiera
comprarlo.

F. 1. — sea colombiano   2. — una casa que
tenga garaje para tres coches
3. — apartamento que esté amueblado
4. — quiera vivir en ese barrio   5. — pueden
estudiar y trabajar al mismo tiempo
6. —pueda arreglar el aire acondicionado
7. — ganan más de 50.000 dólares al año
8. — pueda trabajar tiempo completo
9. — tiene un jardín grande   10. — barato que
quede en la Avenida San Martín

G. 1. —Necesitamos una casa que tenga cuatro
dormitorios (recámaras). / —No creo que
puedan encontrar una por menos de ciento
sesenta mil dólares.   2. —Ven aquí, Ester.
Hazme un favor. Tráeme una almohada y una
frazada (manta/cobija). / —No puedo. Estoy
ocupada. Dile a David que te las traiga.
3. —Dime, Ramiro. ¿Cuál es tu dirección? /
—Calle Maceo, número 385. Anótala.   4. —
¿Sabe(s) dónde puedo comprar una casa que
sea grande, cómoda y barata? / —Sí, pero no en
este barrio.   5. —¿Hay alguien aquí que hable
español? / —Sí, hay dos chicas (muchachas) que
hablan español.   6. —Busco un apartamento
que no sea muy caro. / —Nosotros vivimos en
un apartamento que no es caro y que está en un
buen barrio.

H. *Horizontal:* 2. butaca   6. comedor
7. frazada   10. microondas   11. cortinas
12. acondicionado   13. lámpara   14. decisión
17. alquiler   18. mesita   21. jardín
22. sábanas   23. televisor   25. sobrecama
26. salario
Vertical: 1. colchón   3. cómoda   4. tiempo
5. dormitorio   6. calefacción   8. tonterías
9. fregadero   12. aguafiestas   15. sofá
16. mudarse   17. amueblado   19. escalera
20. casarse   24. caso

I. 1. Están en el salón de estar.   2. Hay un sofá y
una butaca (un sillón).   3. Tiene aire
acondicionado.   4. Hay cortinas en la ventana.
5. Busca un barrio elegante.   6. Quiere que
tenga cinco dormitorios.   7. A menos que
ganen la lotería.   8. Quiere una casa que no sea
cara.   9. No, no trabaja medio día.   10. No,
no tomó una decisión.   11. Va a llamar a su
mamá.

Para leer: 1. Creo que es mejor que compren la casa
porque tiene cinco dormitorios.   2. La ventaja
es que la casa tiene una cocina grande.
3. Necesita una casa que tenga garaje para tres
coches.   4. La ventaja es que está situado cerca
del centro.   5. Creo que van a mudarse a la
casa.   6. Creo que ellos quieren que sus padres
compren la casa porque tiene piscina.   7. Sí,

creo que ellos quieren alquilar el apartamento porque está amueblado y tiene garaje. 8. Otra ventaja es que el precio incluye la electricidad y el agua.

Lección 14

A. 1. cocinas / termine 2. traigan / decidas 3. vengan / hablemos / vengan 4. llega / tengas

B. 1. prepare / hagas 2. me lleven / me dé 3. venga / pueda / vengan 4. se diviertan / se den 5. te pongas

C. 1. Levantémonos a las seis. 2. Limpiemos la casa. 3. Vamos al mercado, pero no vayamos antes de las ocho. 4. Preparemos la comida. 5. Hagamos un flan para el postre. 6. Pidámosle prestados los cubiertos a Marta. 7. Pongamos la mesa. 8. Bañémonos y vistámonos.

D. 1. ve / compra / Trae / Dile / dale 2. ven / hazme / Pon / la dejes / Dígame / Prepara / le pongas 3. vayamos / Vamos / acostémonos / salgamos / llamémosla 4. hágame / Tráigame / póngala / se los dé / déselos / llame / dígale / vayan / vuelvan

E. 1. Se abre a las diez. 2. Se sale por aquella puerta. 3. Se cierran a las tres. 4. Se habla portugués. 5. Se dice "zanahoria".

F. 1. los huevos 2. el helado 3. los camarones 4. el apio 5. la carne 6. la sopa 7. la manzana 8. la lechuga 9. la torta 10. el melón 11. la naranja 12. el tomate 13. el repollo 14. la salsa 15. el arroz 16. el cordero 17. las fresas 18. la margarina 19. la toronja 20. la sandía 21. la mantequilla 22. el azúcar 23. el melocotón 24. el pan 25. el pescado 26. la cebolla 27. la piña 28. el vinagre 29. el pavo 30. la pera

G. 1. —Anita, vamos al cine esta noche. / —No, no vayamos al cine. Vamos a un concierto. 2. —Llevemos a Paquito al zoológico... / —No tengo ganas de ir al zoológico hoy. ¿Por qué no lo llevamos al parque de diversiones? / —No sé... ¡Quedémonos en casa! 3. —Tan pronto como (En cuanto) terminemos el trabajo, almorcemos. / —Está bien. ¡Yo invito! 4. —¿Ud. va a hacer las compras, Sra. Ramírez? / —Sí. Bueno,... ahora que lo pienso, (yo) no puedo ir a menos que Ana se quede con los niños 5. —¿El supermercado (mercado) se abre a las seis? / —Sí, y se cierra a medianoche.

H. *Horizontal:* 2. prisa 3. rusa 4. vinagre 6. repollo 9. higiénico 10. zanahoria

13. dieta 14. supermercado 19. pomelo 20. azúcar 23. manzana 24. feriado 25. zoológico 26. ganas 28. último 29. nominada
Vertical: 1. diversiones 4. verduras 5. toronja 7. guía 8. cita 11. tomate 12. mantequilla 13. docena 15. perro 16. naranja 17. apio 18. película 21. sandía 22. durazno 27. función

I. 1. No, no creo que Sergio y Claudia trabajen hoy, porque es feriado. 2. No está abierto el domingo. 3. Se cierra a las diez de la noche. 4. Creo que va a preparar comida italiana, porque quiere comprar salsa de tomate. 5. Va a comprar uvas y peras. 6. Necesita zanahorias. 7. No, no creo que necesite ponerse a dieta. 8. Va a preparar una cena especial para Marcelo. 9. Quiere ir al cine. 10. Creo que tiene ganas de ir a bailar.

Lección 15

A. 1. traído 2. cubierto 3. hecho 4. abierto 5. usado 6. dicho 7. escrito 8. comido 9. vuelto / devuelto / regresado 10. muerto 11. envuelto 12. roto 13. ido 14. cambiado 15. visto 16. recibido 17. leído 18. puesto

B. 1. El sofá está cubierto. 2. Los niños están dormidos. 3. La puerta está abierta. 4. Los libros están cerrados. 5. La carta está escrita en español. 6. La ventana está rota. 7. Los hombres están parados en la esquina. 8. La mujer está sentada. 9. El baño está ocupado.

C. 1. Rosalía ha ido de compras. 2. Carlos y Amalia han decidido mudarse. 3. Graciela no ha hecho nada. 4. Yo he escrito un poema. 5. Ernesto ha vuelto de su viaje a Chile. 6. Los niños han roto la ventana. 7. Ada y yo hemos visto varios apartamentos. 8. Olga y Luis han comprado muebles. 9. Gustavo ha leído dos novelas. 10. El Sr. Paz ha abierto un restaurante.

D. 1. Yo nunca había hecho un crucero. 2. Fernando y Esperanza nunca habían ido a México. 3. Tú nunca habías visto las pirámides de Egipto. 4. Amalia y yo nunca habíamos comido comida griega. 5. Alberto nunca había escalado montañas. 6. Tú y Elba nunca habían viajado por el Nilo. 7. Claudia nunca se había hospedado en un castillo. 8. Mirta y Susana nunca habían estado en Madrid.

E. 1. hilo 2. suéter 3. ganga 4. par 5. usar 6. almacén 7. combina 8. vestido

9. armario   10. departamento   11. bota
12. camisa   13. blusa   14. cartera
15. ancho   16. cambio

Sentence: He aprendido mucho.

F. 1. —¿Vas a comprar la cartera roja (el bolso rojo), Marta? / —Sí, porque hace juego (combina) con mis sandalias.   2. —Dime, Anita. ¿Dónde has puesto tu billetera (cartera)? / —La he puesto en mi cartera (bolso, bolsa). 3. —¿Olga cambió las botas que (tú) le habías comprado, Paquito? / —Sí, porque le quedaban chicas.   4. —Anita, ¿dónde has estado? / —En la zapatería. / —¿Quieres comer algo? / —Sí, porque estoy muerta de hambre. /   5. —¿Vas a ir de compras, Rosa? / —Sí porque no tengo nada que ponerme.   6. —¿Estaban abiertas las tiendas? / —No, estaban cerradas.

G. *Horizontal:*   3. caballeros   4. dependiente
5. ropero   6. blusa   7. corbata   9. medida
10. combina   11. camisón   12. mediana
14. liquidación   16. zapatería   20. camisa
22. interior   23. ganga   24. calzo
25. planta   26. sandalias
Vertical: 1. pantimedias   2. probador
4. departamentos   6. botas   8. importado
13. billetera   15. mecánica   17. ancho
18. seda   19. hilo   21. aprietan

H. 1. No tiene nada que ponerse.   2. Quiere comprar un traje.   3. Sí, creo que hoy hay una liquidación.   4. Creo que no los va a comprar porque le van a quedar chicos.   5. Ha comprado un par de botas.   6. Se va a encontrar con Carmen.   7. Ha comprado una camisa, una corbata y un par de calcetines. 8. Ha comprado una falda, una blusa y un par de guantes.   9. Julia usa talla nueve.   10. Ha ido al departamento de ropa para caballeros y al departamento de ropa para señoras.

Para leer: 1. Les mandó la cinta el mes pasado.
2. Sí, se mudaron durante un fin de semana.
3. No, no tenía todos los muebles que necesitaban.   4. No, no terminó sus estudios. Lo sé porque todavía no se ha graduado.
5. Fue porque tenían una gran liquidación.
6. Sí, viven todavía. Lo sé porque José Luis compró regalos para ellos.   7. Creo que Anita y Jorge son los hermanos de José Luis.   8. No, no va a pasar la Navidad en Córdoba porque unos tíos que viven en Rosario lo invitaron.
9. No, todavía no ha encontrado a nadie.
10. Quiere que le escriba o lo llame por teléfono.

Lección 16

A. 1. sacaré, sacarás, sacará, sacaremos, sacarán
2. —, dirás, dirá, diremos, dirán   3. haré, —, hará, haremos, harán   4. querré, querrás, —, querremos, querrán   5. sabré, sabrás, sabrá, —, sabrán   6. podré, podrás, podrá, podremos, —   7. —, cabrás, cabrá, cabremos, cabrán   8. pondré, —, pondrá, pondremos, pondrán   9. vendré, vendrás, —, vendremos, vendrán   10. tendré, tendrás, tendrá, —, tendrán   11. saldré, saldrás, saldrá, saldremos, —   12. —, valdrás, valdrá, valdremos, valdrán
13. iré, —, irá, iremos, irán   14. seré, serás, —, seremos, serán

B. 1. Hablaré con él mañana.   2. La solicitará la semana próxima.   3. La sabré esta noche.
4. (Él) podrá venir esta tarde.   5. Lo pondré en su escritorio.   6. Vendré con David.
7. Traeremos una calculadora.   8. (Uds.) tendrán que matricularse.   9. Nos graduaremos en junio.   10. Saldremos a las seis.

C. 1. Dije que tomaría psicología   2. Dijo que se matricularía mañana.   3. Dijimos que saldríamos temprano.   4. Dijiste que sacarías una "A".   5. Dijeron que no darían un examen parcial.   6. Dijo que pondría los informes en la oficina.   7. Dijeron que aprobarían el examen.   8. Dije que tendría que mantener un buen promedio.   9. Dijeron que Uds. no sabrían contestar las preguntas.   10. Dijo que no podría vernos hoy.

D. 1. me levantaría / me acostaría / Iría / estudiaría / Saldría /pasaría   2. trabajarían/ se divertirían / Tendrían / harían   3. ahorraríamos / podríamos   4. mantendrías / conseguirías / te graduarías

E. 1. Sí, ya los habremos tomado para el semestre próximo.   2. Sí, ya lo habrán tomado para octubre.   3. Sí, ya los habrán terminado para marzo.   4. Sí, ya lo habré entregado para el lunes.   5. Sí, ya lo habré decidido para el semestre próximo.   6. Sí, ya la habremos hecho para abril.   7. Sí, ya se habrán terminado para mayo.   8. Sí, ya me habré graduado para junio.

F. 2. — habrías caminado.   3. Él habría —.
4. — habría trabajado.   5. Nosotros — ganado.   6. Yo habría —.   7. Ellos habrían —.
8. Yo — bailado.   9. — habrías llamado.
10. Él — escrito.   11. — habría conducido (manejado).   12. Nosotros — comido.
13. Ellos habrían —.

G. 1. habría tomado   2. habrías solicitado

3. habría jugado 4. habría aprendido
5. habría estudiado 6. habríamos ido
7. habrían gastado 8. habría mantenido

H. 1. está / encuentro / sé / pones / puedes / tengo
2. fuiste / pude / tuve / hiciste / trabajé / volví
3. iban / estaban / éramos / veíamos / prefería
4. harás / Irás / podré / tendré 5. tomaría /
Esperaría /tendría / sería 6. has estado / He
estado / han venido / han hecho / hemos hecho
7. habían venido / había llamado 8. me habré
graduado / habrán terminado / habremos
empezado 9. habría tomado / habríamos
tomado / habrían hecho / Habríamos tomado

I. 1. —¿No vas a ir al partido con tus padres,
Anita? / —No, porque yo llego a casa a las seis
y para entonces ellos ya habrán salido (se
habrán ido). 2. —Saqué una "D" en química. /
—De haber seguido mis consejos, habrías
sacado una buena nota. 3. —Voy a tomar
(Tomaré) contabilidad. / —Yo tomaría
administración de empresas. 4. —¿Tendrás un
buen horario? / —No, tendré que tomar clases
por la mañana y por la tarde. No podré
trabajar.

J. *Horizontal:* 2. química 5. consejero
6. requisito 7. ingeniería 11. literatura
14. aprobar 15. asignatura 16. beca
17. especialización 20. promedio
21. investigación 23. partido 24. facultad
25. negocios
Vertical: 1. sociología 3. vendedor 4. nota
8. empresas 9. afectuosamente 10. horario
12. informe 13. matemáticas 17. examen
18. contabilidad 19. matricularse
20. periodismo 22. carrera

K. 1. Teme recibir una "F". 2. No, no cree que
Andrés quede suspendido. 3. Espera que
estudie administración de empresas. 4. Quiere
estudiar periodismo. 5. Cree que Lola se
habrá graduado. 6. Lola viajará (irá) a
Europa. 7. Jorge cree que sacará una "B".
8. No, no creo que le guste la literatura.
9. No, no creo que estudie mucho. 10. Tendrá
que mantener un promedio de "A". 11. Creo
que estudiará, porque mañana tiene un examen
parcial.

Lección 17

A. 2. recetara, recetaras, —, recetáramos, —
3. cerrara, —, cerrara, —, cerraran
4. volviera, volvieras, —, volviéramos, —
5. pidiera, pidieras, pidiera, pidiéramos, —
6. —, consiguieras, consiguiera,
consiguiéramos, consiguieran 7. tuviera,
tuvieras, —, tuviéramos, tuvieran 8. pudiera,

pudieras, pudiera, —, pudieran 9. hiciera, —,
hiciera, hiciéramos, — 10. —, vinieras, —,
viniéramos, vinieran 11. trajera, trajeras,
trajera, —, trajeran 12. pusiera, —, pusiera,
pusiéramos, pusieran 13. —, dijeras, dijera,
dijéramos, — 14. fuera, —, fuera, —, fueran
15. diera, dieras, —, diéramos, dieran
16. quisiera, —, quisiera, quisiéramos,
quisieran 17. supiera, supieras, —,
supiéramos, supieran

B. 1. Quería que tú fueras al médico. 2. Prefería
que compraras la penicilina. 3. Te sugerí que
llamaras a Rodolfo para que fuera contigo al
hospital. 4. Dudaba que nosotros pudiéramos
ir con Uds. a la sala de emergencia. 5. Era
necesario que trajeran las radiografías.
6. ¿Había alguna farmacia que quedara cerca y
que estuviera abierta hasta las diez? 7. No
creí que hubiera nadie que pudiera ponerte una
inyección. 8. Necesitábamos a alguien que
pudiera llevarlo a la sala de rayos X. 9. Sentí
que ella tuviera gripe. 10. Te rogué que los
llamaras y les dijeras que vinieran el sábado.
11. Me alegré de que estuvieras mejor.
12. Temía que Oscar estuviera enfermo.

C. 1. Me dijo que tomara las pastillas tres veces al
día. 2. Le dijo a la enfermera que vendara y
desinfectara la herida. 3. Te dijo que trajeras
las radiografías. 4. Nos dijo que volviéramos a
su consultorio a la una. 5. Les dijo que
empezaran a tomar la medicina hoy mismo.
6. Les dijo que llevaran las recetas a la
farmacia. 7. Le dijo que le pusiera una
inyección al niño. 8. Le dijo que le diera las
aspirinas al enfermo.

D. a / a / a / a / con / en / a / con / con / a / de / en

E. 1. haya ido 2. haya enyesado 3. hayan
comprado 4. hayamos visto 5. haya muerto
6. haya tomado 7. hayas podido
8. hayamos dicho 9. haya puesto 10. haya
vuelto

F. 1. la cabeza (el pelo) 2. el ojo 3. la nariz
4. los dientes 5. la lengua 6. la boca 7. la
oreja 8. el oído

G. 1. enfermero(a) 2. alérgico(a) 3. corté
4. aspirina 5. herida 6. ambulancia
7. penicilina 8. médico 9. accidente
10. sala 11. ojos 12. rayos 13. dolor

Proverbio: El tiempo es oro.

H. 1. —¿Ella tuvo un accidente? / —Sí, y no había
nadie que pudiera llevarla al hospital. Tuvimos
que llamar una ambulancia. 2. —Tengo dolor
de estómago. / —¿Está(s) enferma? / —No,

pero creo que estoy embarazada. 3. —César se enamoró de una enfermera. / —¿Dónde se conocieron? / —En el hospital. 4. —¿Te acordaste de traer las pastillas, Rosita? / —No, pero le pedí a Ángela que las trajera. 5. —¿Cómo se siente, señorita? / —Me duelen mucho el pecho, la espalda y el cuello. / —¿Vio al médico? / —Sí, fui a su consultorio esta mañana y me dijo que tomara esta medicina. 6. —¿Cuándo fue la última vez que te pusieron una inyección antitetánica, Paquito? / —El año pasado, cuando me corté el dedo del pie.

I. *Horizontal:* 5. atropelló 6. compañera 8. dientes 10. antitetánica 11. antibiótico 14. dedos 16. dolor 17. recetar 18. lengua 19. emergencia 21. radiografía
Vertical: 1. rodilla 2. garganta 3. desinfectar 4. pelo 7. resfriado 9. quebrarse 11. ambulancia 12. temperatura 13. consultorio 15. embarazada 20. cuello

J. 1. Le duele la cabeza. 2. Tomó seis aspirinas. 3. No, no se siente mejor. 4. Se cortó el pie. 5. Le van a tener que poner (Van a tener que ponerle) una inyección (antitetánica). 6. Hace tres años. 7. Lo trajeron en una ambulancia. 8. Lo llevan a la sala de rayos X. 9. No, no se siente bien. 10. Sí, está embarazada. 11. Es alérgica a la penicilina.

Para leer: 1. Se levantó a las ocho. 2. Su profesor de psicología le dijo que estudiara más. 3. Porque se cayó en la escalera y le dolía mucho la pierna. 4. Le pusieron una inyección contra el tétano (antitetánica) y le vendaron la herida. 5. Llovía a cántaros. 6. Tomaron chocolate caliente, estudiaron un rato y miraron televisión. 7. Se acostó a las diez. 8. Eran las diez y cuarto. 9. Porque le dolía muchísimo la cabeza y no entendía nada. 10. Durmió mal. (No durmió bien.) 11. Su profesor de matemáticas dio un examen hoy. 12. Le sugirió que no saliera de su casa.

Lección 18

A. 2. — que — hubieras ido. 3. — que — hubieran terminado. 4. Dudaba que ella hubiera — 5. Temía(s) que ella — vuelto. 6. — que ella lo hubiera hecho. 7. No creí que hubieras salido. 8. Sentíamos que — hubieran salido. 9. Esperaba que ella hubiera aprendido. 10. — que Rosa hubiera ido a Costa Rica. 11. —que el carro hubiera arrancado. 12. Ud. no creía (Tú no creías) que nosotros hubiéramos parado.

B. 1. el mecánico hubiera arreglado mi coche

2. el policía le hubiera puesto una multa a mi hermano 3. nosotros hubiéramos tenido la culpa del accidente 4. ellos hubieran instalado una bomba de agua nueva 5. tú hubieras gastado una fortuna en arreglos 6. la grúa hubiera remolcado tu coche 7. mis padres no hubieran estado de acuerdo con el mecánico 8. mi esposa hubiera comprado un teléfono celular

C. 1. Si tuviera tiempo, jugaría al fútbol. 2. Si estuviera de vacaciones, nadaría. 3. Si tuvieran hambre, comerían. 4. Si no tuvieras que trabajar, dormirías. 5. Si fueran a la fiesta, bailarían. 6. Si no fuera sábado, él iría a la escuela.

D. 1. Si el coche está descompuesto, lo arreglaremos. 2. Si quieren hamburguesas, irán a McDonald's. 3. Si está enferma, irá al médico (al hospital). 4. Si tienes el periódico, lo leerás. 5. Si pasa por aquí, lo tomarán.

E. 1. solicitar / solicites 2. comprar / compre 3. alquilemos / alquilar 4. conseguir / consigan 5. estén / estar 6. llegar / lleguemos 7. hacer / haga 8. tengas / tener 9. sepa / sabe 10. enseñan / enseñe 11. sirva / sirve 12. pueda / puede 13. sea / es 14. termines / terminas 15. necesito / necesite 16. tenga / tengo 17. lleguen / llegan / 18. quieran / quieren 19. tenga / tiene 20. salgamos / salimos 21. empieza / empiece 22. haya puesto / ha puesto 23. hayamos dicho / hemos dicho

F. 1. —¿Ud. tiene que hablar con su mecánico, Srta. Soto? / —Sí, espero que haya llegado. Le pedí que viniera a las diez. 2. —El mecánico (me) sugirió que comprara gomas (llantas) nuevas. / —Espero que las haya(s) comprado. 3. —No creo que Pedro haya instalado una nueva bomba de agua en su carro todavía. / —Si yo fuera él compraría un coche (carro / automóvil) nuevo. El suyo es demasiado viejo y no creo que valga la pena. 4. —No creía que él hubiera revisado (chequeado) el carro (coche / auto). / —¡Yo le dije que lo hiciera! 5. —Mi carro (coche / auto) no arranca. / —Si yo fuera tú (Ud.), llamaría una grúa (un remolcador). 6. —Si tiene(s) un pinchazo, tendrás que cambiar la goma (la llanta / el neumático). / —(Yo) no tengo un gato en mi maletero (cajuela).

G. *Horizontal:* 2. pinchazo 4. multa 5. pena 6. chapa (placa) 9. bomba 11. descompuesto 12. frenos 13. lleno 15. revisa 16. maletero 17. limpiaparabrisas 22. grúa 23. ahora 25. volante

27. carretera   28. velocidad   30. casados
31. bolsas   32. celular
Vertical: 1. ruido   3. chequear   7. arregló
8. gasolinera   10. camino   14. neumático
18. mecánico   19. acumulador   20. arranca
21. gasolina   24. portaguantes   26. letrero
29. gato

H.   1. Están a cinco kilómetros de Puerto Limón.
2. Sí, Ana cree que José está manejando muy
rápido.   3. La velocidad máxima es de 90
kilómetros por hora.   4. Hay una diferencia de
treinta kilómetros (por hora).   5. Cree que el
policía le pondrá (dará) una multa a José.
6. Tendrá que comprar gasolina (llenar el
tanque).   7. Piensa que va a ser cara.   8. Tiene
un pinchazo.   9. Tendrán que remolcarlo.
10. Preferiría comprar un coche nuevo.

Laboratory Manual Answer Key

Answers to Laboratory Manual Dictations

Lección 1

A. 1. 30   2. 27   3. 15   4. 12   5. 18   6. 13
7. 0   8. 11   9. 25

B. 1. Carlos es médico.
2. Ella es maestra.
3. Nos vemos el jueves.
4. Ellos son norteamericanos.
5. Hola. ¿Qué hay de nuevo?
6. Yo soy auxiliar de vuelo.

Lección 2

A. 1. 75   2. 48   3. 62   4. 94   5. 56   6. 83
7. 100   8. 79   9. 97   10. 61

B. 1. Pase y tome asiento.
2. ¿Cuál es tu dirección?
3. ¿Qué quiere decir "*eraser*"?
4. ¿Cómo se dice "pizarra" en inglés?
5. ¿De dónde son los estudiantes?
6. Hasta la vista, profesor.

Lección 3

A. 1. 115   2. 416   3. 563   4. 1.990   5. 771
6. 886

B. 1. Raquel desea hablar con Pedro.
2. ¿A qué hora regresa Pedro?
3. Tengo que leer varios artículos.
4. ¿Tú trabajas en el hospital esta noche?
5. ¿Tú vienes a mi casa mañana?
6. Raquel solicita trabajo en el hospital.

Lección 4

1. Adela invita a sus compañeros a la fiesta de fin de año.
2. Adela y sus compañeros van al baile del club.
3. La orquesta es magnífica y todos bailan.
4. Hoy es el cumpleaños de Teresa.
5. Él y su novia brindan con champán.
6. A la medianoche todos comen uvas.

Lección 5

1. Laura asiste a la Universidad de Salamanca.
2. Ella vive en una pensión cerca de la universidad.
3. La muchacha echa mucho de menos a su familia, especialmente a su hermano.
4. Este fin de semana va a viajar a Madrid con unos amigos españoles.

5. Ellos prefieren viajar en autobús porque no quieren conducir en Madrid.
6. Laura y sus amigos vuelven a su casa el sábado por la noche.

Lección 6

1. Deseo una lista de hoteles y lugares de interés.
2. La oficina de turismo queda a la izquierda.
3. Hay un autobús que la lleva al centro.
4. Necesito una habitación sencilla con vista a la calle.
5. Hay jabón y toallas en el baño.
6. Sirven el desayuno a las siete y el almuerzo a las doce.

Lección 7

1. Compré el pasaje en una agencia de viajes.
2. Allí conocí a un muchacho muy simpático.
3. Como llevé muchas maletas pagué exceso de equipaje.
4. El avión salió con tres horas de retraso.
5. Mañana te devuelvo la maleta que me prestaste.
6. La próxima vez tenemos que viajar juntas.

Lección 8

1. Hoy es el aniversario de bodas de mis padres.
2. Van a celebrarlo en un restaurante muy elegante.
3. La especialidad del restaurante es lechón asado y arroz con frijoles negros.
4. Después van a ir al teatro.
5. Hoy ponen una comedia muy buena.
6. Papá le da un beso a mamá y le desea un feliz aniversario.

Lección 9

1. Hoy me levanté muy temprano.
2. Me bañé, me lavé la cabeza y me vestí.
3. Fui a la peluquería que está cerca de la farmacia.
4. Me voy a hacer una permanente porque me gustan los rizos.
5. Voy a comprar un vestido porque el que tengo no me queda bien.
6. Le voy a preguntar a mi hermano si me consiguió las entradas.

Lección 10

1. Me gustan las actividades al aire libre.
2. Me gusta nadar, montar a caballo y pescar.
3. Compré una caña de pescar que me costó un ojo de la cara.
4. Voy a trabajar como salvavidas.
5. Marta quiere alquilar una cabaña en las montañas.
6. Vamos a divertirnos mucho en las vacaciones.

Lección 11

1. Rita está en el departamento de fotografía.
2. Pregunta cuánto cuesta revelar un rollo de película.
3. En el banco quiere depositar el dinero en su cuenta de ahorros.
4. Estacioné la motocicleta frente al banco.
5. Me robaron la motocicleta.
6. El próximo martes trece no salgo de casa.

Lección 12

1. Soy extranjero y no conozco las calles.
2. El correo es un edificio antiguo y está frente a la estación del metro.
3. Quiero enviar estas cartas por vía aérea.
4. Vaya a la ventanilla número dos, a la izquierda.
5. Julia camina hacia la Gran Vía.
6. Los españoles a veces somos puntuales.

Lección 13

1. El apartamento está amueblado.
2. La cocina tiene refrigerador y lavaplatos.
3. Vamos a necesitar sábanas y almohadas.
4. No hay nadie que pueda trabajar tiempo completo y estudiar.
5. Siempre estás enojado. Eres un aguafiestas.
6. No podemos pagar el alquiler de este apartamento.

Lección 14

1. Compremos frutas, verduras y una docena de huevos.
2. Necesitamos zanahorias, cebollas y manzanas.
3. Llevemos a los chicos al zoológico por la tarde.
4. Ellos tienen una cita para ir al cine.
5. Quiero ir al parque de diversiones.
6. Fue nominada como la mejor película del año.

Lección 15

1. Elsa ha decidido ir de compras hoy.
2. Hay mucha gente en la tienda porque hay una gran liquidación.
3. La zapatería no está abierta todavía.
4. Estos zapatos hacen juego con mi bolso.
5. ¿Puede envolverme la chaqueta de cuero?
6. Necesito calcetines y pantimedias.

Lección 16

1. A ti te gustan las ciencias.
2. Mi consejero me sugiere que tome biología.
3. Ésa va a ser mi especialización.
4. Entonces puede tomar química y física.
5. Hoy tengo un examen parcial de psicología.
6. Tengo que sacar buenas notas si quiero graduarme.

Lección 17

1. Teresa tuvo un accidente y está en la sala de emergencia.
2. La enfermera va a vendarle y desinfectarle la herida.
3. El médico le pone una inyección antitetánica.
4. El médico le pregunta a Teresa si está embarazada.
5. Van a llevar a Teresa a la sala de rayos X.
6. El médico va a recetarle una medicina a Teresa.

Lección 18

1. La velocidad máxima es de noventa kilómetros.
2. Tendrá que cambiar el filtro del aceite.
3. ¿Podría revisar el aceite y las llantas?
4. El tanque está casi vacío.
5. Yo compraría un limpiaparabrisas nuevo.
6. Ayer tuve un pinchazo y tuve que comprar neumáticos nuevos.